KB202936

호주장로교
한국 선교 설계자들

부산진교회 창립 130주년 기념도서
호주장로교 한국 선교 설계자들

2020년 8월 21일 초판 1쇄 인쇄
2020년 8월 28일 초판 1쇄 발행

저   자 | 프랭크 페이튼 · 엘리자베스 캠벨
편역자 | 양명득
발행인 | 신충우
펴낸곳 | 도서출판 동연
주   소 | 서울시 마포구 월드컵로 163-3
전   화 | (02)335-2630
전   송 | (02)335-2640
이메일 | yh4321@gmail.com
블로그 | https://blog.naver.com/dong-yeon-press

Copyright ⓒ 부산진교회, 2020
    Korean Publication
    The 130th Anniversary of Busanjin Church
    Title: The Architects of Australian Presbyterian Mission in Korea
    Author: Frank HL Paton & Elizabeth M Campbell
    Editor & Translator: Myong Duk Yang

ISBN 978-89-6447-598-0 03200

"O Send Thy light forth, and Thy truth."

The
Architects of Australian
Presbyterian Mission in Korea

호주장로교
한국 선교 설계자들

프랭크 페이튼 · 엘리자베스 캠벨 **지음**　　　　양명득 **편역**　　　　**동연**

격 려 의 글

호주 빅토리아여선교연합회 회원들은 살아계신 하나님, 예수 그리스도의 부산진교회 130주년을 여러분과 함께 기뻐합니다.

1890년 빅토리아의 장로교 여성들이 바다 건너의 사람들 특히 한국과 뉴헤브리디스(현 바누아투)에 사랑을 전했던 것처럼, 현재까지 지속하여 2020년에도 우리와 문화가 다른 사람들에게 사랑을 전하고 있습니다. 우리는 또한 유학생들에게 그들의 학업을 위한 장학금을 제공하고 있고, 그것으로 그들이 자신의 고향 교회를 더 잘 섬기도록 돕고 있습니다.

호주 내에서 우리는 항상 원주민들과 이민자들을 향한 선교적 열정이 있습니다. 처음에는 멜버른에 사는 중국 여성들과 어린이들 그리고 지금은 이곳에 살기 위하여 온 다양한 이민자들이 있습니다. 우리는 항상 자신의 고향과 가족을 떠나 복음을 전하는 기독교인들과 함께 일하고 기도하며, 지원하기를 원하고 있습니다.

성경은 하나님이 하신 은혜로운 일들을 항상 기억하도록 우리에게 말씀하고 있습니다. 그러한 역사를 기록하는 것은 하나님이 지금도 일하고 계시다는 것을 알게 하여 주고, 우리와 우리의 차세대들도 전능한 하나님을 찬양하며 감사하게 할 수 있습니다. 1889년부터 2차 세계대전이 일어나는 1941년까지 우리 사역의 과정을 한국어 기록으로도 볼 수 있다니 반갑습니다.

하나님은 우리 선교사들이 한국에 도착하기 전 이미 한국인들의 영혼에 옥토를 준비하셨습니다. 믿음의 씨가 뿌려졌고, 비록 완전하지는 못하나 말씀과 행실로 가르쳤으니, 이웃, 고아, 소외된 여성, 학교 어린이 그리고 병자들이었습니다. 이 씨앗이 자라나 그리스도 안에 형제 자매된 여러분과 같은 성숙된 기독교회로 성장하였습니다. 작년에 부산진교회 대표단이 멜버른의 우리를 방문하여 큰 격려를 받았습니다. 우리는 지금도 여전히 한국을 위해 기도합니다.

여러분을 향한 우리의 구체적인 기도는 기록된 하나님의 말씀과 살아계신 하나님 즉 예수님의 말씀(요한복음 1장)에 여러분이 항상 신실하도록 기도합니다. 항상 주님의 빛과 생명 그리고 사랑 안에 거하며, 그의 성령으로 능력을 받아 화해의 복음을 전하여 하나 되기를 기도합니다. 우리는 또한 여러분들이 마음 안에서 계속 변화되어 순결케 되며, 새롭게 되기를(롬 12:2) 기도합니다. 호주의 우리들을 위해서도 기도해 주시기 바랍니다.

이 글을 쓰는 지금 온 세계는 코로나 19로 인하여 어려움 중에 있습니다. 주님께서 부산진교회의 여러분과 빅토리아여선교연합회의 우리를 사용하셔서, 세계관에 혼란이 온 많은 사람에게 손을 내밀어 그들이 진리를 찾아 회개하고, 이곳에 하나님의 나라를 세우는 데 동참할 수 있도록 하시기를 기도합니다. 장차 한국인과 호주인 그리고 만국의 백성들이 전능하신 하나님과 그의 아들 그리고 성령의 보좌 앞에서 영원무궁 경배할 것입니다(계 7:9-12).

찬송과 영광과 지혜와 감사와 존귀와 권능과 힘이 우리 하나님께 세세토록 있을지어다!

호주 멜버른에서

로즐린 브라운(Roslyn Brown)

(호주장로교회 빅토리아여선교연합회 회장 PWMU State President)

발 간 사

   작년 2019년 9월, 한호선교 130주년을 기념하여 본 교회에서는 호주 선교 역사 탐방팀을 꾸려 호주 멜버른 빅토리아여선교연합회를 비롯하여 본 교회 설립과 관련되는 몇 곳을 방문하였습니다. 성지순례 이상 가는 감동과 도전이 우리 팀원들에게 있었습니다. 마치 아이가 부모님에게서 태어나기 이전, 부모님의 연애시절에 대한 이야기를 듣는 듯했습니다. 호주에서 선교사님들이 부산에 오기 이전의 이야기들 그리고 한국 선교를 위해 한평생을 헌신하셨던 딥딘교회 성도들을 비롯한 여러 호주 교회들의 신앙과 헌신에 관한 이야기들을 들었습니다. 그 방문 일정에 양명득 선교사께서 동행하여 만남들을 연결하고 통역하며 섬겨 주셨습니다.

   그리고 내년, 부산진교회 설립 130주년을 맞이하여 본 교회가 『호주장로교 한국 선교 설계자들』을 발행하게 됨을 진심으로 감사드립니다. 이 책의 편역자 양명득 선교사께서 어느 날 연락을 주셨습니다. "호주장로교회 총회와 빅토리아여선교연합회에서 한국 선교를 계획하고 진행해 온 기록들을 찾아서 번역하고 있는데 이제 거의 마무리 단계입니다. 이 책을 다른 누구보다 부산진교회가 발행하게 된다면 의미가 있을 것 같습니다." 이 말씀과 함께 그는 그동안 모으고 연구한 자료를 편집하여 그 수고의 열매를 부산진교회에 고스란히 헌신해 주셨습니다.

   본 도서를 통하여 부산진교회를 설립하고 튼튼히 기초를 놓으신 벨레 멘지스 선교사와 겔슨 엥겔 선교사 등의 모습을 만나게 되니 참 반갑습니다. 한국 선교를 위하여 헌신하며 지원하였던 빅토리아여선교연합회 회원들의 이야기는 우리 교회와 성도들에게 얼마나 설레고 특별한 의미가 있는 내용인지 모릅니다. 또한 본 도서는 부산-경남을 넘어 전체 한국교회에 호주교회를 통하여 하나님이 이 땅에서 어떻게 역사하셨는지 밝히 볼 수 있는 값진 유산이 되리라 믿습니다.

이 책이 발행될 수 있도록 수고와 헌신을 아끼지 않으신 양명득 선교사와 책의 발행을 위하여 마음을 모아주신 부산진교회 교우들께 감사를 드립니다.

신충우 목사
(부산진교회 담임)

축 하 의 글

부산진교회 창립 130주년을 축하합니다. 제가 살고 있는 호주 사회의 교회를 보면, 오랜 전통을 가진 교회들이 이제는 교인들이 없어 문을 닫거나 닫으려고 준비하는 것을 봅니다. 예전에는 왕성한 활동을 하면서 지역사회의 중추 역할을 하고, 선교에 많은 공헌을 한 교회들입니다. 그러나 더 이상 교회의 생명을 연장하기가 힘들어 교인들이 눈물을 흘리면서 교회의 문을 닫거나, 이웃교회와 종종 합하기도 합니다.

부산진교회는 지난 130년 동안 부산과 경남지역의 모교회로서 많은 역할을 감당해 오면서, 노쇠하지 않고, 날마다 새로워지는 교회로서 생활하는 모습을 보게 됩니다. 부산진교회에는 일신(日新), 즉 '날마다 새로워지자'는 경남지역의 초기 교인들과 호주 선교사들의 정신이 그대로 실현되고 있습니다. 교역자들을 비롯한 평신도지도자들 그리고 어린이 한 명까지 그리스도인의 사명을 충성스럽게 감당하는 부산진교회에 속한 여러분들이 저는 자랑스럽습니다.

딥딘교회는 부산진교회와 깊은 관계를 맺고 있는 형제교회와도 같습니다. 딥딘교회의 오래된 성도들은 '딥딘교회는 평생을 한국 선교를 위해 노력을 하였다'고 회고합니다. 부산진교회에서 담임 목사로 봉사한 제임스 노블 맥켄지 목사 내외분, 그리고 일신병원을 설립하고 부산진교회의 교인으로 살아온 헬렌과 케스 맥켄지 선교사가 딥딘교회 소속이었습니다. 그리고 호주의 선교사로 처음에 한국에 온 헨리 데이비스 선교사도 딥딘교회와 깊은 관련이 있습니다. 데이비스의 순교 후에 그의 조카들이 삼촌의 뒤를 이어 한국에 왔는데, 일신여학교의 마가렛 데이비스, 진주 배돈병원의 진 데이비스 선교사가 우리 딥딘교회 교인들이었습니다. 또한 부산진교회의 교인으로 일신병원 부원장으로 섬긴 바바라 마틴 선교사도 우리 교회와 관련을 맺고 있는 분입니다. 우리 교회의 많은 교인들이 한국에 선교사로 섬긴 분들의 친척인 것입니다.

딥딘교회는 페이튼 기념교회라고도 불립니다. 호주교회가 경남지역 선교에 열심을 갖게 된 것은 페이튼 목사의 공헌 때문입니다. 그는 오케스트라의 지휘자와 같이 한국 선교를 위하여 계획하고, 선교사를 모집하고, 선교비를 보내기 위하여 백방으로 수고한 분입니다. 해외 선교부 총무의 임기를 마친 그는 딥딘교회의 담임목사가 되었고, 교인들에게 많은 영향력을 끼쳤습니다. 딥딘교회에서 10여 년 목회하다 건강이 악화되어 사임하셨고, 곧 하나님의 부르심을 받았습니다. 그후 딥딘교회는 페이튼 기념교회로 불리게 되었습니다.

호주장로교회 선교부 총무였던 페이튼 목사와 빅토리아여선교연합회 해외 총무 캠벨이 쓴 보고서를 부산진교회 130주년 기념으로 양명득 선교사께서 번역 출판하게 되어 참으로 감사합니다. 페이튼 목사의 선교에 대한 순수한 열정, 맑은 영성을 한국교회는 기억하여야 합니다. 그는 한국인을 사랑하였고, 한국인들에게 하나님의 생명을 부어주고자 혼신을 다하였습니다. 본 도서를 통하여 페이튼과 호주선교사들의 섬김과 공헌으로 부산경남지역의 교회가 세워진 것을 한국교회가 기억하였으면 좋겠습니다.

양성대 목사

(멜버른 딥딘교회/페이튼 기념교회 담임)

편 역 자 의 글

시간과 공간이 초월하는 듯한

빅토리아여선교연합회는 호주에서 가장 오래된 선교기관 중의 하나로, 1890년 창설되어 올해 130주년을 맞았다. 지금은 더 이상 한국에는 선교사를 보내지 않고 있지만, 이 연합회는 창설된 그 다음해부터 한국전쟁 이후 60~70년대까지 한국 땅의 기독교 선교 설계와 더불어 많은 여성 선교사들을 파송하여 왔다. 그리고 현재는 '다문화 사역자'라는 이름으로 꾸준히 다른 나라에 선교를 실천하고 있다.

최근인 2018~2019년에도 빅토리아여선교연합회 연례보고서는 총 17개의 지부와 315명의 남녀 회원을 보고하고 있다. 이들은 여전히 1904년부터 발행한 그 유명한 호주의 조리법들이 담긴 요리책을 출판하고 있고, 뜨개질 등으로 만든 생활용품을 만들어 판매하며 모금을 하고 그리고 회원들의 회비로 한결같은 복음의 열정으로 국내와 해외 선교를 이어오고 있다.

빅토리아여선교연합회는 두 번에 걸쳐 큰 구조적인 변화를 겪었다. 1941년에는 빅토리아장로교 총회 해외선교부와 통합이 되어 위원회, 재정, 선교사 파송 등을 해외선교부와 함께 나누었다. 1977년에는 호주장로교회가 호주감리교회 그리고 호주회중교회와 연합이 되어 호주연합교회로 탄생하므로, 전체 해외선교부가 호주연합교회 총회로 이관되었다.

빅토리아여선교연합회는 그 후 장로회 소속 선교기관들과 동역하며 선교사들을 지원하였고, 현재까지 이어가고 있다. 본 도서에 보고되는 여선교연합회의 특별한 사역이었던 디커니스 제도도 점차로 사라졌고, 국내 선교 거점도 시간이 지남에 따라 없어지게 되었다.

호주의 전체 교회에 빅토리아여선교연합회가 끼친 영향은 지대하다. 세계 선교에 대한 사명을 시골의 개개 교회에 깊이 일깨웠고, 그 모범을 실천적으로 보여 왔다. 또한 국내 교회의 부흥은 해외 선교와 함께 연결되어 있다는 사실도 잘 보여주었다. 빅토리아장로교회 50주년 시 도널드 스튜어트는 다음과 같이 쓰고 있다.

> 빅토리아장로교회 선교에 있어서 가장 중요했던 순간 중의 하나는 1890년 빅토리아여선교연합회가 창설되었던 때이다.

필자는 2019년 부산진교회 대표단을 안내하여 멜버른의 빅토리아여선교연합회 회관을 방문하였다. 평생에 몇 번이나 경험해 볼까하는 특별한 공간이었고 만남이었다. 그리고 여전히 그 자리에서, 한결같은 모습으로, 똑같은 일을 하는 그들을 목도하였다. 평시에 '영원무궁'이란 말의 의미를 잘 느끼지 못하고 있던 필자에게 시간과 공간이 초월하는 듯한 가슴 떨리는 순간이었다.

호주장로교회 총회의 해외선교부 위원회도 한국 선교 설계자들이었다. 특히 실무 책임을 맡았던 프랭크 페이튼, 헨리 매튜, 조지 앤더슨, 에스몬드 뉴, 제임스 스터키 등은 본인이 한국 선교사였거나 한국을 수회 방문한 한국통 지도자들이었다. 그 뒤를 이어 후에는 존 브라운이 호주연합교회 총회 세계선교부 총무로 한국 선교를 이어왔다.

현재 호주 교회의 한국 선교는 사실상 그 내용이나 방법이 크게 변화하였다. 그 이유 중의 하나는 호주 교회의 선교 우선은 이제 남태평

양이 되었고, 그곳에 집중하고 있기 때문이다. 또한 선교의 개념이나 이해가 변화하여 선교사를 일방적으로 파송하는 교회가 아닌 한국교회와의 동등한 파트너로 공동의 관심사를 위하여 서로 협력하며, 필요시에만 선교 동역자를 주고받는 관계가 된 것이다.

필자는 2000년부터 호주연합교회 뉴사우스웨일스주 총회선교부의 세계선교부와 다문화목회부를 책임 맡으면서 줄어드는 세계선교부 기금으로 선교활동이 위축되는 경험을 한 기억이 있다. 당시는 비단 세계선교부 기금뿐만 아니라 전체 주총회의 재정 감소로 큰 구조조정이 진행되고 있었고, 선교의 우선을 해외가 아닌 호주 국내 선교에 집중하는 현실이었다. 그때 필자는 국내 교회의 부흥은 해외 선교와 밀접한 관계가 있으므로 어느 하나를 희생시킬 수 없다고 주장했지만 대세를 이길 수 없었다. 호주와 한국, 양국의 교회와 선교 관계가 장차 또 어떤 모습으로 이어질지 자못 궁금하기만 하다.

2020년 여름 장마철에
양명득 목사(호주 선교 동역자)

차 례

1부

호주장로교회 총회 해외선교부

▌ 한국 방문 호주위원회 대표단

▌ 데이비스 부인과 그녀의 딸, 헨리 데이비스 무덤에서

▌ 엥겔의 사택, 부산진

▌ 엥겔의 베란다에서 본 부산

▌부산진의 여선교사관

▌부산진교회와 교인들

▌ 미우라 고아원, 부산진

▌ 부산진의 전도부인

▌부산진의 한국인 일꾼들

▌박신연 장로, 부산진

▌ 일신여학교, 부산진

▌ 나환자 요양원에서, 부산진

▮ 왕길 목사와 순회 여행

▮ 선교사에게 인사하는 남학생들

▌ 마산포의 남학교

▌ 선교관 베란다에서 본 마산포

▌ 아담슨과 그의 지도자들, 마산포

▌ 통영

▌ 진주선교부

▌ 진주의 교회에 도착

▌하동의 교회

▌시골의 교회

1장

한국 방문기
— 호주인의 눈으로 보다

프랭크 페이튼
(호주 빅토리아장로교회 해외선교부 총무)

이 글은 1910년 중순에 열렸던 스코틀랜드 에딘버러 세계선교대회 후, 호주교회 대표단이 11월에 한국, 중국, 일본 등을 연이어 방문하고 쓴 보고서이다. 또한 한국 방문 말미인 1911년 1월에 열린 호주선교사공의회에서 결정한 한국 선교 정책은 후에 호주교회에 보고되어 채택되었고, '전진정책'으로 알려진 이 운동으로 호주교회는 한국 선교를 더 왕성하게 진행하였다. 프랭크 페이튼은 호주 빅토리아장로교회 해외선교부 총무로 1907년부터 1925년까지 이 운동을 주도하였다. _역자 주

Glimpses of Korea: As Seen through Australian Eyes

Frank H. L. Paton

Melbourne: Brown, Prior & CO, Printers

1911

한국의 첫인상

아침 7시, 어둡고 습기 찬 모습이다. 한 무리의 사람들이 일본 증기선 갑판 위에 서 있다. 한국 땅의 첫 모습을 보려고 서 있는 것이다. 어둠 속에서 차츰 희미하게 언덕들이 보이기 시작하자 우리의 얼굴은 긴장되고 있었다(페이튼, 벨포어, 길란더스, 앤더슨, 허친슨 등과 한국에 파송되어 함께 입국한 프레드릭 매크레와 마가렛 데이비스 _역자 주). 우리 모두에게 한국은 큰 의미가 있었으나, 우리가 아는 두 명(헨리 데이비스와 사라 메케이 _역자 주)에게는 특히 더 말로는 다 표현 못 할 의미가 있었으니, 곧 자신들의 생명을 기쁘게 내어놓았기 때문이다.

비는 그칠 줄 몰랐다. 그리고 구름이 걷히자 더 흥분되는 마음이었고, 부산을 둘러싸며 우뚝 솟은 산들과 대지가 분명하고 깨끗하게 보였다. 한두 척의 고깃배가 지나갔고, 그리고 항구 입구 근처 언덕 위로 햇빛이 내렸다. 마음속에는 많은 생각들이 차올랐지만 배가 항구로 진입하는 동안 우리 모두 침묵하고 있었다. 이 땅은 헨리 데이비스의 무덤이 있고, 우리 선교사들의 집이 있는 곳이다.

아침식사를 알리는 소란스러운 타종이 있었다. 그러나 우리는 식사 후 다시 곧 갑판 위로 올라왔다. 우리는 지금 영도와 항구 입구의 돌 지형을 통과하고 있다. 항구 주변의 거대한 산들은 스스로 솟아 있었고, 구름은 정상에 얹혀 있었다. 낮은 언덕과 계곡은 계단식이었고, 논에는 하얀 옷을 입은 한국인들이 추수하고 있었다. 산 아래에 그들의 집이 보였다. 한쪽은 타일 지붕을 한 일본인 구역이었고, 다른 한쪽은 갈색 초가지붕의 한국인 집들이 있었다. 항구에 선박들이 정박하여 있었고, 세 척의 근엄한 일본 군함이 우리 뒤편에 있었다.

이때쯤 다시 구름이 몰려 왔다. 그리고 세찬 비가 내리기 시작하였다. 부두 끝쪽에 누군가를 기다리며 서 있는 몇 사람이 보였다. 비 사이로 우리를 환영하는 세 개의 하얀 손수건이 흔들렸다. 우리도 떨리는 마음으로 손을 흔들었다. 곧 엥겔 부부와 맥켄지의 얼굴이 드러나자, 갑판 위 우리 세 명의 얼굴도 웃고 있었다. 일본인과 한국인들이 세 명의 선교사와 함께 서 있었는데, 일본인은 이마가 검고 경계심이 있는 근엄한 모습이고, 한국인은 차분하고 위엄이 있는 다정한 얼굴이었다.

날카로운 몇 마디의 명령이 떨어지자 갑판 위에서 밧줄이 던져졌다. 물이 사납게 요동을 치더니 엔진의 진동이 멈추었다. 여행이 끝났다. 드디어 우리가 한국 땅에 발을 디딘 것이다. 악수가 오가며 선교사들과 우리 방문자 사이에 반가움이 있었지만, 그 감정이 너무 깊어 말로 표현할 수가 없었다. 몇 분 후에 아담슨 부부도 도착하였고, 그들의 합류로 우리의 기쁨은 더하였다.

검역과 짐을 찾아야 하는 불가피한 시간을 보낸 후에 우리는 기차 정거장으로 향하였다. 주변의 관심 어린 눈길을 느끼면서도 우리는 마치 꿈속을 걷는 것 같았다. 부산의 거리를 실제로 걷고 있다는 것이 믿어지지 않았다. 길고 하얀 옷을 입고, 위엄있지만 자애롭게 보이는 큰 남자들이 더 이상 상상이 아닌 현실의 한국인들이었다.

길에서 모퉁이로 돌아서니 갑자기 잔디가 입혀진 언덕이 보였는데 그 위에 몇 개의 외로운 무덤이 있었다. 헨리 데이비스가 잠들어 있는 무덤이었다. 우리는 본능적으로 모자를 벗었는데, 왜냐면 거룩한 땅에 서 있기 때문이었다.

기차 정거장에는 일본인들과 한국인들이 혼란스럽게 움직이고 있었다. 모두 바쁜 모습이었다. 아직 어떤 사람들에게도 보지 못한 친절하고 차분하고 매력 있는 한국인들에게 우리의 마음이 움직였다. 빠르게 움직이며 수상쩍은 모습을 한 작은 일본인들과 크게 대조되었다. 기차역은 새로 연 훌륭한 건물이었다. 유럽이나 심지어 호주에서도 인정할 만하였다! 일본인은 사업적이라는 것이 어디서나 분명히 보였다. 일본인 관리는 모든 것을 통제하고 지시하였다. 우리를 위하여 통역하는 사람도, 짐을 돌보는 사람도, 서양에서 온 방문자들이 부산을 지나는 동안 돌보라고 일본 관리가 임명한 것이다.

마침내 우리는 기차에 올랐고, 부산진을 향하여 출발하였다. 아담슨 부부는 매크레와 허친슨 그리고 앤더슨을 자신들의 손님으로 안내하여 초량에서 함께 내렸다. 나머지는 엥겔 부부와 동행하였다. 기차에서 우리는 초량의 선교사의 집을 볼 수 있었는데, 그 동네 위 언덕에 아름답게 자리 잡고 있었다.

곧 우리는 일본인 구역을 지나 한국인들의 구역 중심으로 들어왔다. 일본인 구역보다 깨끗하진 못하였으나 우리에게는 더 흥미로운 곳이었다. 부산진역에 내리자 하얀 옷을 입은 한국인들이 다가왔다. 심장로(심취명 장로 _역자 주)와 친구들이었다. 그들은 한명 한명 한국식으로 우리에게 고개를 숙였고, 평안 속에 여행을 잘 하였느냐고 물었다. 그 자리에서 우리는 무어 선교사도 만났는데, 오랜 시간 아팠다고 하는데도 건강하게 보였다.

우리는 좁고 휘어진 긴 골목길로 들어섰다. 하얀 옷을 입고 검은 모자를 쓴 한국인들이 수도 없이 많았다. 볏짚과 땔감 등을 가득 실은 우마차와 짐을 나르는 나귀, 큰 항아리부터 악취가 나는 생선까지 모든 종류의 생활품을 지고 가는 지게꾼, 그리고 보행자들이 끊임없이 거리를 오가고 있었다. 그들은 너무 바쁜지 호주에서 온 여행자를 알아보지도 못하였다. 집, 가게, 짚신, 도랑, 개 등 우리가 종종 사진에서 보아왔던 그 모습 그대로였다. 우리가 환등기를 보는 것이 아니라 실제로 한국에 있다는 것이 믿어지지 않았다. 이 모든 것에 놀라웠고, 흥분되었다. 우리는 작은 우체국에 들려 호주에서 온 편지를 받았는데, 일본 우편선으로 먼저 온 것이었다. 여행 끝에 가족들로부터 온 소식을 듣는다는 것은 기분 좋은 일이었다.

그곳에서 10분 정도 걸으니 부산진의 우리 선교부가 있었다. 교회에는 많은 남녀가 우리를 환영하기 위해 기다리고 있었다. 그들은 한 명씩 앞으로 나와 우리에게 인사하였고, 수천 리 떨어진 곳에서 자신들을 만나러 와서 고맙다고 거듭 말하였다.

데이비스 양(마가렛 데이비스 _역자 주)은 여성과 소녀들이 그녀에게 보인 환영에 감동하였다. 그 여성들은 데이비스 양을 즉시 그들의 마음속에 받아들였다. 엥겔이 우리를 그들에게 소개하자, 한 노인 여성이 다음과 같이 말하였다.

"목사님들을 만나 반갑습니다. 그러나 우리는 부인(마가렛 데이비스 _역자 주)을 만나 더 반갑습니다. 왜냐하면 그녀는 우리와 함께 살러 오셨기 때문입니다."

그들은 앞으로 함께 살아갈 이 젊은 여성이 자신들을 사랑하여 집과 가정을 떠났다는 사실에 감동하여 다른 이들에 관한 생각은 없는 것처럼 보였다. 이런 한국인들에게 모든 것을 내어놓는 사랑과 헌신이 가치 있게 느껴졌다.

"천당이 이렇지 않을까 생각됩니다."

여성들이 데이비스 양을 에워싸며 환영과 사랑을 표현하는 것을 본 한 방문자의 말이다. 그리고 우리는 다시 거룩한 땅에 서 있는 느낌을 받았다.

우리가 수천 리를 건너 자신들을 만나러 온 것에 대한 진정한 감사와 인사의 시간을 마친 후, 우리는 교회와 잇닿아 있는 선교부로 안내되었다. 이곳은 삼면이 초가집으로 둘러싸여 있었다. 우편으로는 포플러나무가 앞쪽에 줄지어 있는 이 층짜리 건물이 있었는데, 가정집과 같은 인상이었다. 이곳이 여선교사들의 숙소였다. 무어의 초청으로 우리는 집안으로 들어가 차를 마시며 즐거운 시간을 가졌다. 이 집은 선교사의 집이 그래야 하는 것처럼 간단하고, 소박하고 그러나 꽤 편안하였다. 천장은 좀 낮은 편이었고, 계단은 위험할 정도로 가팔랐다.

그러나 우리가 여선교관에서 고아들의 집으로 이동하였는데, 그곳은 마루가 있는 작고 어두운 8피트/8피트 방이었고, 천장이 너무 낮아 평균 신장의 사람도 구부려야 할 정도였다. 이 습기 찬 작은 방이 전에 우리 선교사들이 몇 년 동안 살았던 곳이라는 것을 기억하라. 우리는 그들의 영웅적인 생활에 대한말로는 어떤 찬사도 찾을 수 없다. 또한 빅토리아 같은 위대한 기독교 교회가 자신들의 여선교사들을 이런 곳에서 고생하며 살도록 하였다는 것에 의문을 안 가질 수 없다. 아마도 그들이 사는 환경에 대한 무지로 인한 것일 수 있으나, 이런 시기는 이제 지나갔다는 믿음에 우리는 기뻤다.

여선교사관 원편 그리고 고아의 집 뒤에 엥겔 부부와 맥켄지가 사는 선교관이 있다. 이 건물은 단층으로 편안하고 튼튼하였으나, 역시 간단하고 소박한 집이었다. 이 모든 것이 선교사는 어떻게 살아야 한다는 기대에 부응하고 있었다. 선교부 바로 뒤에는 급격한 경사의 언덕이 솟아 있는데, 선교부 주변과 가까이에 초가집들이 밀집하여 들어서 있었다.

그 지역 한국인들이 보기에는 선교사들이 이상적인 곳을 선택하였고, 그러므로 선교사들은 자신들의 편리함을 포기하였다. 한 가지 지적할 수 있는 것은 선교부 규모가 너무 작다는 것인데, 이것은 선교사들 때문이 아니라 충분한 기금이 없었기 때문이다. 최소한 5~6배 정도 더 커야 하였다. 서로 가깝게 붙어 있어 후에 확장될 공간이 없어 보였다.

선교부에서 바라보는 전경은 참으로 아름다웠다. 바로 앞에는 버섯 모양의 초가집 지붕들이 솟아있고, 오른편으로는 바다가 보였다. 시내 건너편은 예쁜 바닷물까지 이어져 있었다. 솟아오른 갈색의 산들이 둘러쌓고 있는데 이것은 스코틀랜드의 헤더 언덕을 연상케 하였다. 지평선과 수평선 어디도 설명할 수 없을 정도로 아름다웠다.

선교부의 왼쪽 높은 곳에 부산진여학교가 있다. 계단을 통하여 언덕 옆으로 들어갈 수 있었는데, 깨끗한 건물이었다. 현관 앞마루에는 짚과 나무로 된 신발들로 덮여있었다. 학생들은 어떻게 자신들의 신발을 알아보고 신을 수 있을까. 왕길 목사는 우리를 여러 교실로 안내하였고, 서매물과 장금이를 소개하였다. 우리는 이 이름을 호주에서 수없이 들어 잘 알고 있었다. 이들은 즉시로 우리의 마음을 사로잡았는데, 특히 서매물이 그랬다. 고아원이 만약 아무 일도 하지 않고 아름다운 성격의 이들만 양육하였다 하더라도 모든 고생과 희생은 보람이 있었다. 황기도 인상적이었고, 세 번째 교사인 도선(김도순 _역자 주)도 그랬다. 여학생들이 새 교사인 데이비스 양을 환영하는 모습은 매우 감동적이었다.

또 다른 방에는 일본 여성이 일본어를 가르치고 있었다. 그녀는 우리 각자에게 세 번씩 허리 굽혀 인사하였다. 그리고 자신의 명함을 우리에게 건넸다. 우리도 인사를 하였고, 그녀는 두 번 더 인사를 한 후에 강의를 계속하였다. 엥겔이 교사들과 학생들을 학교 앞에 모이게 하였고, 우리는 사진을 찍었다. 이 학교와 고아원이 대단한 가능성을 가지고 있음을 우리는 느낄 수 있었다. 그러나 이 가능성이 실현되려면 앞으로 몇 년 동안 돈을 더 투자하여야 하는데, 지역교회가 성장하여 그들 스스로 운영할 수 있을 때까지 말이다.

부산에서의 첫 예배

부산에서의 첫 오후는 여러 기관을 방문하느라 매우 바빴다. 다음 날 오전 10시, 사람들은 교회(부산진교회 _역자 주)로 모였다. 그리고 우리도 한국에서의 첫 예배를 위하여 교회로 갔다. 남성들이 앞에 앉았고, 여성들은 뒤에 앉았다. 그들은 교회당에 들어 올 때 각자의 신을 문 앞에 벗어두고, 조용히 바닥에 앉았다.

엥겔이 강단 위에 있었고, 데이비스 양은 오르간을 쳤다. 우리가 지금까지 한국에서 본 가장 아름다운 얼굴을 가진 심 장로는 엥겔 가까이 앉았다. 그의 부친과 박 장로(박신연 장로 _역자 주) 그리고 몇 명의 존경받는 교회 지도자들은 앞자리 가까이 앉았다. 이 교회의 신성함과 경외감은 우리에게 깊은 인상을 남겼다.

교회당에 앉자 많은 생각이 스쳤다. 그동안 뿌렸던 눈물의 씨앗들과 그리스도의 사랑으로 사역한 기억들 말이다. 그리고 우리의 이러한 기억의 밑바닥에는 길 가 가파른 언덕 위, 소박한 무덤에 잠들어 있는 헨리 데이비스가 자리 잡고 있었다. 그리고 이제 그의 조카딸이 오르간 앞에 앉아 그녀의 삼촌이 시작한 고귀한 일에 자신의 젊은 인생을 헌신하려고 한다. 우리와 함께 앉은 선교사들도 매일의 일과 고통을 감당하고 있으며, 성별을 떠나 남녀 모두 그 일을 승계하기에 가치가 있다.

이때 왕길 목사(엥겔의 또 다른 한국 이름 _역자 주)의 목소리가 우리의 이런 생각에서 돌아오게 하였다. 찬송가 순서이다. 오르간은 우리가 잘 아는 곡조로 시작하였고, 한국인들의 목소리는 전에 우리가 들어보지 못한 우렁찬 소리였다. 그 목소리의 특징은 달콤함이나 화음이 아니라, 때때로 이탈되는 그들의 음정이었다. 끝에 가서 다시 나타나는 우리 호주의 강물과도 같았다. 그러나 그들의 얼굴을 보라! 몸을 살짝 흔들면서 얼굴에는 숭고한 정직성이 고여 있고, 천국의 빛이 그들에게 비추는 것 같았다.

화음이 좀 엉망인들 무슨 상관이랴. 거기에는 깊은 영적인 느낌이 있었고, 선인들의 교제와 천국의 하모니가 생각나게 하였다. 이 남성들과 여성들은 큰 고통에서 나와 그들의 몸을 씻고 어린 양의 피로 순결케 되어, 지금은 온 마음을 다해 찬송하고 있다. 이들은 보좌 앞에 나왔고, 이들의 얼굴에는 왕의 평화와 기쁨이 투영되어 있었다. 이런 모습의 찬송을 듣고 보는 것은 마음을 떨리게 하는 경험이었다.

오르간의 음악이 멀어지자 왕길 목사는 기도를 인도하였다. 모두 경외함으로 머리를 앞으로 숙였는데 얼굴이 거의 바닥에 닿을 정도였다. 교인들은 모두 숨죽여 움직이지 않았다. 갑자기 많은 목소리가 '아멘'하고 길게 소리쳤을 때, 비로소 우리는 기도가 끝이 난 줄 알았다.

짧은 소개말이 있은 후, 엥겔은 해외선교부 총무(이 글의 저자 프랭크 페이튼 _역자 주)에게 호주교회의 메시지를 교회 앞에 전달할 것을 요청하였다. 이것은 쉽지 않은 일이었는바, 많은 신성한 기억이 있고, 한국인들의 얼굴이 분수같이 마음에 솟아오르기 때문이다. 메시지는 헌신에의 호소와 함께 끝을 맺었다. 왕길 목사에 의하여 다시 결단이 요청되자 교회 안의 성도들은 동요되었고, 모두 자신의 일생을 그리스도에게 헌신하며 그리스도의 영으로 채우기를 원하였다.

많은 사람들이 눈물을 흘렸다. 왕길 목사가 마지막 찬송을 인도하기 전 나이 많은 박 장로가 기도를 인도하였다. 존경스러운 그는 하나님께 헌신된 삶에 감사하였고, 그들이 방금 결단한 헌신을 지킬 수 있도록 기도하였다. 그러면서 성령의 인도하심과 함께하심을 간구하였다. 송영과 축도로 마친 예배는 깊은 인상을 남겼다.

그리고 여성들은 데이비스 '부인'을 만났다. 그녀가 집을 떠나 자신들과 함께하기 위하여 멀리서 온 것에 감사하며, 그들만의 아름다운 방법으로 소통하고 있었다. 그들의 환영에는 따뜻함이 있었고, 그들의 눈은 사랑으로 밝혀 있었다.

만약 데이비스 양이 고향의 사랑하는 가족들을 떠났다면, 지금은 자신을 사랑하는 이 새 땅의 또 다른 사람들 속으로 온 것이다. 그녀는 그리스도 약속이 성취됨을 깨닫고 있었다.

> 내가 진정으로 너희에게 말한다. 나를 위하여, 또 복음을 위하여, 집이나 형제나 자매나 어머니나 아버지나 자녀나 논밭을 버린 사람은, 지금 이 세상에서는 박해도 받겠지만 집과 형제와 자매와 어머니와 자녀와 논밭을 백배나 받을 것이고, 오는 세상에서는 영원한 생명을 받을 것이다(막 10장 29절 30절 _ 역자 주).

데이비스를 에워싼 어머니들과 자매들은 그녀가 그리스도와 복음을 위하여 떠난 가족들을 대신하여 그들의 따뜻한 사랑을 그녀에게 전하기를 열망하였다.

교회당의 한편에서는 남성들이 매크레 목사를 에워싸고 있었다. 호주에서 온 다른 방문객들도 환영을 받았지만, 젊은 매크레는 자신의 삶을 바치기 위하여 왔다. 남성들은 그에게 질문하였다.

"여행은 평안하셨어요?"

"우리를 만나기 위하여 그토록 고생하며 먼 길을 오셨네요."

"우리의 가슴에 있는 감사와 사랑을 어떻게 표현할지 모르겠습니다."

"우리나라에서 평안히 사시기를 바랍니다."

다른 많은 표현으로 남성들은 그들의 사랑을 알려주기 원하였다. 젊은 매크레도 그리스도가 그리 멀지 않은 곳에 있음을 느끼기 시작하였다.

우리 위원회의 적어도 한 사람에게는 이 상황이 너무나 벅차게 느껴졌나 보다. 그는 얼굴을 벽면으로 돌려 눈물을 감추려 했지만 흐르는 눈물을 억제하진 못했다. 매크레도 같은 모습이었는데 그들은 서로 쳐다보았고, 그리고 서로 공감하였다. 누군들 이 두 젊은 선교사들이 있는 곳에 자신이 가지고 있는 모든 것을 내놓지 않겠는가. 그러나 기쁨은 모두에게 주어지는 것은 아니다. 우리 중 많은 사람은 하나님 나라의 오심을 위하여 힘써 일해야 하기 때문이다. 그러므로 우리 모두는 우리 선교사들 뒤에서 기도와 사랑 그리고 연민으로 함께 하여야 한다. 하나님은 기도의 목회 속에 우리를 신실하게 하신다.

아침 예배 후 우리는 아름다운 곳에 자리를 잡은 아담슨 부부의 집을 잠깐 방문하였다. 그곳에서 우리는 점심 식사를 공궤 받았다. 우리는 기차를 타고 다시 부산진으로 왔고, 그곳에서 기다리는 사람들과 함께 나환자 피난 구역까지 먼 길을 걸었다. 이 사역은 원래 미국 선교부 관할에 있던 것인데, 선교지를 다시 조정하는 중에 이 사역을 우리가 맡게 된 것이다. 그리스도의 이름과 사랑으로 이 불행하고 희망 없는 환자들을 돌보게 되었다.

우리는 계곡의 낮은 곳과 언덕의 높은 곳까지 계단식으로 되어있는 논길을 지나갔다. 관개 시스템이 잘 되어있었고, 충분한 물이 흐르고 있었다. 물은 각 논으로 흘러 들어가거나 또 흘러나가고 있었다. 곳곳에 벼는 휘어져 추수할 준비가 되었고, 사람들은 벼 베기를 하거나 볏단을 옮기고 있었다.

논을 지나면서 우리는 예수의 제자들처럼 곡식을 따서 손으로 비벼 껍질을 불었다. 계곡은 아름다웠고, 산기슭은 영화로웠다. 한국 땅의 전경은 표현할 수 없을 정도로 사랑스러웠고, 긴 흰옷과 검은 모자는 전반적으로 평화로운 분위기와 잘 맞는 것 같았다. 가끔 마을도 지났는데 사람들의 거주지 모습은 매우 흥미로웠다. 한국 마을의 집들도 물론 개선의 여지가 많았는데, 예를 들어 위생적인 면은 충격적이고 혐오스럽기까지 한데, 생각보다 훨씬 심각하였다. 동네마다 개가 많았는데 외국인을 무서워하는지 피하거나 도망을 간다. 우리 외국인 입장에서는 좋은 일이었다.

한 시간 정도 걸어 우리는 나환자 피난구역에 도착하였다. 나병으로 고생하는 사람들이 나와 우리를 맞았고, 이곳까지 평안하게 왔기를 희망한다고 말했다. 그리고 모두 교회당 안에 모였다. 벨포어 씨가 예수님의 사랑과 연민을 전하였다. 그들을 바라보는 우리 역시 깊은 곳에서부터 마음의 동요가 일어났는데, 특히 병으로 주눅들은 소년과 소녀들은 동정을 바라는 눈으로 앉아 있는 것이 느껴졌다. 우리가 그들을 대해 어떻게 느끼는지 벨포어가 설명하자 그들의 얼굴 표정은 밝아졌고, 연신 인사를 하였다.

"감사합니다. 감사합니다."

그들의 눈은 빛이 났다. 연사는 부드러운 목소리로 연민을 표하면서, 그리스도만이 그들의 친구이자 구원자임을 전하였다. 집안에 있는 나환자이든 아니면 천을 뒤집어쓰고 길거리에 웅크리고 있는 나환자이든 그들 모두가 우리의 마음을 잡아끌었고 심지어 절망 속에 왜곡되어진 심성에까지 우리들의 마음이 다가가도록 만들었다. 우리 선교가 이들에게 그리스도의 사랑으로 아무것도 못 한다면 무슨 가치가 있겠는가? 동시에 이것은 광대하고 유익한 기독교 선교 사역의 한 작은 단면이기도 하다.

왕길 목사와의 여행

부산에 도착한 지 이틀이 지난 아침, 우리는 엥겔의 구역을 통과하는 시골 지역을 방문하였다. 동래 읍내가 우리의 첫 목적지였다. 우리는 금방 쓰러질 것 같은 작은 증기 전차를 탔다. 나귀는 다른 길에서 타기로 하였다. 가는 도상에 계단식 논이 계속 이어졌고, 어디든지 하얀 옷과 흥미로운 검은 모자를 쓴 한국인들이 있었다. 그들은 풍년이 되어 추수하기 위하여 바삐 움직였다. 우리가 한국인을 좀 더 알게 되자 그들의 검은 모자도 좋아지게 되었다.

우리는 전차를 타고 6마일 정도 이동한 후 시골 지역을 걸어 읍내로 들어갔다. 우리 호주인들의 눈에는 모든 것이 흥미롭게 보였다. 창문 아래 굴뚝이 있는 기이한 집, 우리를 보자마자 도망가는 개, 조잡한 옷과 큰 모자를 쓰고 통곡하는 사람들, 숯, 장작, 항아리, 광주리 등을 진 지게꾼, 나뭇가지를 실은 우마차, 무언가 가득 짊어진 목에 방울 달린 나귀, 그리고 하얀 옷에 검은 모자를 쓴 끝도 없는 한국인들의 행렬이다. 우리는 카메라의 셔터를 계속 눌렀고, 불쌍한 왕길 목사는 우리의 연속적인 질문을 동시에 답하느라고 쩔쩔매었다.

현재 우리는 길게 줄을 선 그림과 같은 소년들을 보고 있다. 색색의 옷을 입고, 큰 아이부터 가장 작은 아이까지 차례로 서 있다. 기독교 학교의 학생들인데 우리를 만나 시내까지 우리를 안내해 주기로 하였다. 우리가 가까이 다가서자 교사는 날카로운 목소리로 소리를 질렀다. 소년들은 일제히 우리에게 인사를 하였다. 그리고 그들은 우리 앞에 정렬하더니 크게 노래를 부르며 걸어가기 시작하였다.

"단을 거두리. 단을 거두리. 기쁨으로 단을 거두리로다."

추수의 계절에 부를 수 있는 참 적절한 찬송가였는데 마침 볏짚을 실은 우마차가 계속해서 우리의 곁을 지나갔다.

그곳의 교회에서는 교회 지도자가 우리를 대환영하였다. 그들은 교회당으로 들어갈 때 신발을 벗어 신발장 안에 넣었다. 우리의 대표 한 명이 호주 기독교인들의 인사를 전할 때 그들은 집중하여 들었다. 엥겔이 통역을 하는데, 통역의 과정을 거쳐 한국인들의 귀에 메시지가 전하여졌다. 예배 후에 많은 사람이 다가와 인사를 하였고, 먼 거리의 고생을 마다치 않고 와주어 감사하다고 하였다.

이때쯤에 나귀가 우리에게 다다랐다. 짐을 가득 실은 나귀와 김 서 방이 앞장을 섰고 우리는 그 뒤를 따랐다. 김 서방은 엥겔의 소년이었 다. 서방은 '공부하는 방'이란 뜻이다. 그러므로 김 서방은 김 씨로 통 역되기도 한다. 각 나귀는 하얀 옷을 입은 마부가 이끌었다. 검은 모자 를 쓴 사람은 결혼을 하였다는 표시이고, 나머지는 건상투를 틀었다.

마부는 습관처럼 작은 나귀에게 무슨 말을 퍼부었는데, 그런데 마 부는 '말의 남편'이란 뜻이다. 그러나 그 마부의 더 심각한 습성은 막대 기로 나귀의 엉덩이를 세차게 때리는 것이었는데, 종종 나귀 등에 타 고 있는 사람의 다리를 치기도 한다는 것이다. 이때 '좋소'라고 외치는 것은 그 상황에 적절한 말은 아니었다. 엥겔에게 통역을 부탁하여 적 당한 말로 마부에게 그러지 말라고 하였다.

한국 나귀는 별 볼품은 없었지만 뒤굽을 이용하여 큰 짐을 운반하 였다. 또한 나귀 이빨은 숙달되어 있었다. 시냇물을 건널 때 엥겔은 소 리를 쳤다.

"여러분의 발을 앞으로 뻗으세요."

우리는 그 말을 따랐는데 나귀가 순간적으로 발을 물려고 하였고, 우리의 발은 급히 물속으로 잠겼다. 나귀는 보통 넘어지지 않는 튼튼한 동물인데 길도 나쁘고 눈으로 미끄럽기도 하면, 크게 나동그라지기도 하였다. 그러나 그것도 연습이 되었는데, 나귀가 넘어질 때 나귀 머리 위로 재빠르게 뛰어올라 땅에 착지하면 되었다. 시간이 지나면 나귀에 대한 애정도 생기고, 없어서는 안 될 친구가 되었다.

엥겔의 작은 나귀 '족크'는 엄청난 양의 짐을 나르는데, 뒷발차기도 대단하였다. 우리는 어느 날 두 마리의 말과 배로 강을 건너고 있었는데, 짐을 실은 나귀가 길란더스의 갑작스런 접근에 반항을 하였다. 나귀는 순식간에 뒷발차기를 하였고, 길란더스는 12피트 되는 물속으로 떨어졌다. 족크의 흥분으로 큰 말 한 마리도 강물로 떨어졌다. 그리고 해외선교부 총무는 그 와중에 다쳐 절면서 배 고물로 피하였다.

여기에서 이 이야기는 더 흥미로워졌다. 김 서방은 오로지 육체적인 힘으로 족크를 붙잡았고, 배가 뒤집히려 한 것을 겨우 바로 잡았다. 길란더스는 다시 배 위로 올라왔고, 강물 속으로 빠진 말은 배를 따라 반대편 강기슭까지 수영하였다. 그곳에서 길란더스는 마른 옷으로 갈아입었다. 그러나 큰일이 났다. 새 필름과 촬영한 필름 모두 물에 젖어 망가진 것이다. 그동안 찍은 사진들은 대체 불가여서 후회가 막심하였고, 앞으로 얼마나 더 많은 강을 건너야 할지 몰랐다.

우리의 다음 방문지는 대나무로 둘러싸인 안평이라 불리는 아름다운 마을이었다. 우리는 그곳에 내려 교회에서 짐을 풀었다. 이 교회당은 한 할머니의 집이었다. 그녀가 기독교인이 되자 집을 170엔에 팔았다. 대신 사찰 일을 하는 조건으로 구석 방에 살면서 다시 헌금을 70엔이나 하였다고 한다. 사람들이 모여들었고, 벨포어는 인상적인 설교를 하였다. 고백과 중보의 기도가 이어졌는데, 이 한국인들은 성령강림을 받아들일 준비가 되어있다고 느꼈다.

우리와 동행한 정 씨는 훌륭한 성격의 일꾼이었다. 적극적이며깨어있는 사람으로 매우 정직하였다. 그가 기독교인이 될 때 특히 그의 큰형의 핍박으로 큰 고통을 받았다고 한다. 그러나 그는 견고하게 믿음을 지하였고, 지금은 모든 일에 큰 도움이 되고 있다. 고아원에서 훈련을 받은 그의 아내는 그에게 진정한 동반자가 되었다. 특히 교회의 벽에는 친근한 모습의 사진들이 붙어 있었는데, 글로스톤 교수와 스마일리 씨 그리고 잘 알려진 다른 호주인들의 사진이었다.

이날 우리는 매우 아름다운 풍경을 지나, 저녁 무렵 바닷가에 다다랐다. 신평에 거의 다다를 무렵 우리는 저녁 식사와 휴식시간을 가지려 했었다. 그러나 많은 사람들이 모여들었기에 우리는 예배를 드렸다. 사람들은 열정적이었고, 기도 속에 자신들을 헌신하였다. 한국인들의 영성에 우리는 깊은 감명을 받았다. 이런 사람들을 그리스도께 인도하는 말로 다할 수 없는 특권을 가진 선교사들이 부러웠다.

비세속적이고 나라를 잃은 이들에게 엄청난 가능성이 있다. 이들은 자신들의 육적인 나라를 잠정적으로 잃었지만, 위대한 영적인 나라로 들어가고 있었고, 이것이 언젠가는 세상을 움직일 것이다. 예배 후 김 서방은 우리의 잠자리를 교회당 안에 준비하였고, 우리는 피곤한 양들처럼 잠 속에 빠져들었다.

토요일 하루 종일 우리는 아름다운 계곡과 계단식 논과 휘어져 있는 벼들을 보면서 나아갔다. 산들은 회색으로 벗겨져 있었고, 마을들은 산골짜기 아래 안락하게 자리를 잡고 있었다. 그리고 우리의 눈이 닿는 어느 곳에서나 하얀 옷과 검은 모자를 쓴 사람들이 모습을 나타

내었다. 때로 길은 시냇물과 만났고, 그곳에서 우리는 징검다리를 건너기도 하였다. 말들은 마부들의 고함소리에 물속을 건넜고, 그러다 때론 돌을 잘못 밟은 말이 휘청거려 마부가 거의 물속에 빠질 뻔하기도 하였다.

정오에 우리는 길가의 마을에서 한 시간 휴식을 취하였다. 그곳 거주자들은 한국인의 방식으로 친절하게 우리를 환영하였을 뿐 아니라 저녁까지 대접하였다. 그들은 작은 상을 가져와 우리 한명 한명 앞에 놓았다. 각 상 위에 10개 정도의 놋으로 된 사발이 놓였고, 그 안에는 밥, 국, 고기, 삶은 고기, 생선, 양념, 계란, 채소, 김치 등이 있었다. 우리는 그들의 공궤에 감사하였지만, 다 먹을 수 없었다. 음식의 4분의 1도 못 먹었다. 어떤 그릇은 서양의 접시보다 훨씬 컸다. 우리는 계란과 밥을 맛있게 먹었고, 국도 다 삼키었다.

그러나 다른 음식들의 냄새는 우리에게 좀 과하였다. 우리가 만약 선교사로 이곳에 산다면 영웅적으로 그리고 도덕적으로 다 먹겠지만, 우리같이 단순한 위원회의 위원들에게 그런 순교는 요청되지 않았다. 그러나 이곳 말들은 서양의 말들보다 더 많이 먹는 것 같았다. 한국인들의 저녁 대접은 우리에게 존경심을 남겼다. 우리가 받은 인상은 분명하고, 확실하고, 단호하고 그리고 잊을 수 없었기에 더 이상 선교사들의 생활상을 조사하는 것이 불필요하다고 만장 일치되었다.

울산까지는 아직 제법 남았는데 벌써 어둠이 내리고 있었다. 그러나 성도들은 우리를 맞으러 등불을 들고 3마일이나 마중을 나왔다. 그리고 한참을 걸려 교회에 도착하였는데, 몸은 피곤하였지만 마음은 기뻤다. 울산에서 우리는 배로 온 맥켄지, 앤더슨, 그리고 허친슨을 만났다. 우리는 모두 교회당에 묵었고, 잠을 잘 잤다. 무당의 괴상한 울음소리가 들렸는데, 이웃집에서 병든 남자의 악령을 쫓아내는 소리였다고 한다.

　조용한 주일 아침이 밝았다. 우리는 일찍 일어났고, 한국인들도 마찬가지였다. 젊은 아이들은 우리가 옷을 입는 등의 모습을 하나하나 구경하였는데, 결국 어른 한 명이 그 아이들을 쫓아내었다. 아침 식사가 끝나자마자 사람들이 교회로 모여들었다. 커튼을 가운데 두고 남녀가 따로 앉았다. 키가 크고, 위엄이 있고, 온화한 한 사람사람들에게 좀 더 가까이 붙어 앉으라고 점잖게 말하였는데, 그가 바로 박 장로였다. 그는 교회를 위하여 열심히 일하지만 봉급은 없었다. 커튼 다른 편의 잘 보이는 자리에 앉은 여성이 박 씨의 아내였고, 그 옆의 노인이 그녀의 어머니였다.

　이들 모녀는 예수를 믿기 시작하면서, 믿지 않는 박 씨를 위하여 기도하였다. 그러나 박 씨는 자신의 아내와 장모를 핍박하였다. 모녀는 계속 기도하였고, 박 씨는 몰래 신약성경을 읽기 시작하였다. 머지않아 그는 정복당하였고, 아내에게 자신도 예수를 믿는다고 고백하는 기쁜 날이 온 것이다. 그 둘은 울산을 위하여 전도하기 시작하였고, 점점 열매가 맺어졌다. 한국인들은 기도에 얼마나 열심인지 공중기도를 못하는 교인이 한 명도 없었다. 그리고 그들은 기도하는 만큼 일도 하였다.

　성찬예배가 있었다. 이때 부르는 찬송가가 하도 엄숙하여 인상적이었다. 엥겔이 사회를 보면서 통역을 하였고, 우리 위원 중 한 명이 설교를 하였다. 선교사들이 성찬을 집례하였는데, 앤더슨과 허친슨이 빵과 포도주를 교인들에게 나누어 주었다. 그들 중 몇 명은 그들의 신앙으로 인하여 박해받은 자들이었다. 성찬식에 참여한 모두가 절대로 잊을 수 없는 감명 깊은 예배였다.

　오후에 우리는 몇 마일 떨어져 있는 성곽으로 둘러싸인 도시에서 두 번째 성찬예식을 가졌다. 참석한 사람 중에 막달라 마리아로 불리는 여성이 있었다. 그녀가 그 이름을 선택한 이유는 자신이 귀신 들렸었는데 엥겔이 그리스도의 이름으로 쫓아내었기 때문이었다. 또 다른 여성은 전도부인이었다. 그녀는 60세에 읽기를 배웠고, 그때 이 마을에 유일한 신자였다. 그녀는 홀로 용감하게 전도를 시작하였다. 그리고 지금 300명의 교회로 열매를 맺었다. 하나님이 그녀를 통하여 시작하고 함께한 위대한 사역으로 그녀의 마음이 얼마나 기쁠 것인가.

이곳 교회 지도자는 강하고 목적의식이 분명해 보였다. 기독교인이 되기 전 그는 그의 가정에 하인 여아가 한 명 있었는데, 신자가 된후 그 아이를 자유케 할 뿐 아니라 자신의 양녀로 삼았다. 참석한 모든교인은 각자의 이야기가 있었고, 놀라운 복음의 힘이 그들의 마음을 어떻게 움직였고, 변화시켰는지 증거하고 있다.

오랜 여행과 자주 있었던 예배는 우리 선교사들이 당면해야 하는 고생에 대하여 영감을 주었다. 그리고 밤낮으로 모든 교회를 돌보아야하는 책임도 느꼈다. 그러나 선교사들에겐 자신이 회심시킨 이를 양육하고 돌보며 위로하는 기쁨 또한 충만하였다. 어디서나 그들은 우리를 환영하였고, 자신들을 만나러 온 것에 대하여 감사해 하였다. 그들은종종 우리가 호주의 기독교인들로부터 가지고 온 메시지로 인하여 깊은 감동을 받기도 하였다. 한 남자는 말하였다.

"우리를 한 번도 보지 못한 사람들이 그러한 인사를 보냈다니 참 놀랍습니다."

또 다른 아름다운 얼굴을 가진 열정적인 청년이 말하였다.

"예수께서 멀리서부터 여러분들을 이곳까지 보내시니 우리의 마음이 기쁨으로 넘칩니다."

또 한 사람은 선교사를 보낸 호주교회에 감사의 말을 전하여 달라고 하였고, 특히 자신들의 삶을 성령의 역사하심과 인도하심에 맡기도록 가르친 말씀에 감사하였다. 또 다른 남성은 호주교회가 보낸 메신저를 만나는 것은 주님 자신을 만나는 것 같다고도 하였다. 어디서나 우리는 이런 사랑을 찾을 수 있었는데, 그들은 호주교회가 이번에 대표 5명을 이곳 한국에까지 보내어 그들의 교회 사역을 격려하도록 한 것으로 생각하였다.

호주선교사들에게 순회전도는 계속해야 하는 요소였다. 그리고 동방에서의 순회전도는 극한 체험이다. 그럼에도 교인들을 방문하여야 하고, 조사들의 목회를 지도하고 격려하여야 한다. 우리 선교사들에게 주어진 모든 스트레스와 긴장을 우리 고향의 교회는 잘 모르는데, 우리는 한국의 양떼를 돌보는 목자들을 위하여 더 간절하고 쉬지 않고 기도하여야 한다.

돌아오는 길에 방문한 불교의 절 통도사는 기독교회와 기이하고 분명하게 대조되었다. 1마일이나 되는 소나무 길이 아름다운 시냇물을 따라 나아있었고, 그 길 끝에 절로 들어가는 문이 있었다. 안쪽의 문 양쪽에는 크고 못나게 생긴 조형물들이 있었다. 절 안에는 여러 모양과 크기의 집들이 있었고, 각 집 안에는 부처님의 특별한 형상들이 있었다.

중앙 법당은 웅장한 건축물로 많은 기도가 진행되고 있었다. 그 한가운데 한 남자가 작은 목탁을 치며 무엇인가 끊임없이 반복하며 염불을 하고 있었다. 우리 중에 아무도 그 뜻이 무엇인지 몰랐다. 기계적인 반복 주문처럼 들렸지만, 기도를 의미하는 것 같았다. 의미 없고 희망 없는 이 모든 것이 우리를 짓눌렀다. 이 절에만 이삼백 명의 승려가 있었는데, 우리가 본 그들은 지저분하고 음산하게 보였다. 이런 방법으로는 한국과 다른 나라에도 희망이 없었다.

이날 밤 우리는 한국식 여관에서 잠을 잤다. 놀라울 정도로 편하였다. 다음 날 저녁 8일 동안의 집중적이고 흥미로운 순회를 마치고 우리는 부산진으로 돌아왔다. 이 여정을 우리가 돌아보면, 하나님의 영의 놀라운 역사하심으로 인하여 깊은 감동이 우리 중에 있다. 만약 해외의 교회들이 이곳의 긴박함을 알고 훈련된 선교사들을 충분히 보내어 회심자들을 가르친다면, 온 나라가 즉시 하나님 앞에 나아올 것이라는 생각을 떨쳐 버릴 수가 없다.

그런데 비극은 우리 선교사들이 더 많은 선교사들을 보내어 달라고 애원하는데도 기회는 지나가고 있다는 사실이다. 이 일이 완성되기까지 주님의 메신저들은 주님의 계속되는 역사하심과 한국의 복음화를 위하여 간구한다.

마산포

　부산진에서 하룻밤을 쉬고 우리는 울산 순회를 하였고 마산포로 향하였다. 우리 그룹에는 아담슨 부부와 그들의 어린 딸, 앤더슨, 허친슨 그리고 내가 있었다. 벨포어와 길란더스는 그 전날 일본으로 떠났다. 아름다운 골짜기와 산을 보며 우리는 3시간 동안 기차를 탔고, 우리의 친교선교회 본부인 선교부에 도착하였다. 이곳은 이 박사가 지도자였고, 그는 우리를 교회로 안내하였다. 깨끗한 한국인 집을 임시 선교부로 사용하고 있었고, 우리는 이곳에서 주말을 지내기 위하여 편안히 적응하였다.

　교회당은 한국인들이 자랑스러워할 만한데, 약 천 명까지 수용할 수 있었다. 교회의 왼편 아름다운 계단식 언덕 쪽에 앞으로 운영될 선교부 집이 있었다. 우리가 그 집을 보기 위하여 바람이 부는 길을 걸어 올라 가는데 많은 한국인들이 따라 왔다. 그곳은 이상적인 장소였고, 놀라운 전망을 가지고 있었다. 바로 아래 오른쪽에 교회가 있다. 그리고 그 앞쪽으로 마산포 읍내가 있는데, 버섯 모양의 초가집들이 있었다. 그 읍내 건너로 항구의 잔잔한 물결이 보였고, 뒤로는 회색의 산이 성벽처럼 둘러싸 마을을 가둔 것 같았다. 교회 뒤쪽으로는 진주로 가는 큰 길이 새로 생겼고, 끊임없는 행렬의 사람들이 보였다.

　주일 아침에 사람들은 주일학교를 위하여 일찍 모였다. 약 20명의 교사가 있었는데, 교회당을 가득 메운 각 반에서 그들이 어떻게 가르치는지 신기하기만 하였다. 예배에 참석하는 모든 교인은 하나님의 말씀을 배우려고 주일학교에 참가하였다. 강단 끝에 교회의 지도자인 이 박사가 앉아 있었는데, 자애로운 노인 신사였고, 호감이 가는 얼굴이었다. 일본인들이 읍내로 들어오는 바람에 예전같이 활발하게 사업을 하지 못하고 있었다. 그러므로 그는 교회 일에 시간을 더 내고 있었고, 그것으로 자족하였다.

교회당 안에 있는 또 다른 사람은 마산포에서 가장 부자이다. 그는 자신을 가르치는 한 교사 발아래 앉아 귀를 기울이며 듣고 있었는데, 그 교사는 가난한 사람이다. 그리고 그 부자 옆에는 관공서 직원도 앉아 있었다. 교회당 안에서 배우는 중년 여성과 젊은 여성반 사이에 할머니반이 있었는데, 이 박사의 모친이 이끌고 있었다. 이 모친이 마산포교회의 창립자이다. 교회 안 뒤편에는 렌토울 교수를 닮은 교장이 소년들 사이를 다니면서 질서를 유지하였다. 이 전체 모습은 영감적인 장면이었고, 노인 남성과 여성, 중년과 청년 그리고 어린이들까지 모두 하나님의 말씀을 집중적으로 공부하였다.

갑자기 종소리가 울렸고, 교사들의 목소리는 멈추었다. 모든 이들의 시선이 강대를 향하여 쏠렸고, 최 조사가 조용히 앞으로 나왔다. 그는 오늘의 교과 내용을 요약하였고, 학생들이 그 의미를 이해하였는지 몇 개의 질문을 하였다. 질문에 대한 대답은 외침으로 동시에 들렸고, 그때 최 씨가 말하였다.

"오늘의 가장 중요한 내용은 '나는 복음을 부끄러워하지 않습니다. … 이 복음은 모든 믿는 사람을 구원하는 하나님의 능력입니다'"(롬 1:16).

한국인들의 얼굴에는 정말 부끄러움이 없어 보였다.

주일학교는 예배로 이어졌다. 이미 꽉 찬 예배당에 늦게 온 교인들이 비집고 들어 왔다. 그리고 선교사가 찬송을 인도하였다. '참 반가운

성도여 다 이리 와서' 다양한 톤의 합창이 시작되자 지나가던 짐꾼들도 잠시 쉬며 찬송을 듣거나 따라 불렀다. 교회당 안과 밖에서 찬송이 울려 퍼졌다. 모두 찬송가의 의미를 되새기었고, 어떤 이들은 예수를 본 것 같은 모습이었다. 그리고 이 박사가 십계명 암송을 시작하자 모두 합류하였다. 아담슨이 기도를 인도하였고, 다음의 찬송가는 '빈들에 마른 풀 같이 시들은 나의 영혼'이었다. 모두들 잘 불렀다.

이런 한국인들의 소박함은 꽤나 인상적이었다. 조용하고, 명상적이고, 비세속적인 위엄이 세상의 사람들과는 다른 얼굴을 가지게 하였다. 그러나 일본인들의 입성으로 삶의 새로운 기류가 흘러들어 왔고, 이들의 깊은 곳을 휘젓고 있었다. 한국인들은 당황해하며 어려워하였고, 그들의 작은 나라의 정치적인 희망을 보지 못하고 있었다. 그래서 그들은 예수 그리스도께 마음을 주고 있고, 그에게서 찾는 평화는 나라가 처한 충격도 흔들지 못하였다.

'오 하나님 우리의 피난처시니' 찬송가가 울려 퍼졌다. 교회당 밖 왼편에는 한 농부가 황소를 부리며 밭을 갈고 있었다. 오른편에는 교통의 행렬이 이어지고 있다. 몇 명의 짐꾼들만 그 자리에서 찬송가를 듣고 있었다. 교회당 밖에 세워진 하얀색 바탕에 빨간 십자가의 깃발만이 한국의 희망의 상징으로 바람에 펄럭였다.

이러한 생각을 하는 사이 선교사의 목소리가 들렸다. 우리 위원회 위원 중 한 사람을 초청하여 인사를 하게 하였다. 영어로 인사를 하였고 그가 통역하였다. 인사가 끝나고 선교사는 교인들에게 헌신할 것을 호소하였다. 최 조사와 이 박사가 먼저 손을 들었다. 그리고 교인들의 손이 숲과 같이 올라갔다. 그 손 중에는 어린이들의 손도 있었다. 이들의 결단은 매우 실제적이었다. 곧 예배가 폐하고, 교인들은 점차로 흩어졌다.

저녁예배에도 800~900명의 교인들이 모였다. 예배 후 최 조사는 해외선교부 총무에게 말하였다.

"내 마음속에 있는 모든 것을 목사님에게 내어 보이고 싶지만, 말로 표현
할 능력이 없습니다."

그는 힘주어 손을 잡았고, 말로 다할 수 없는 사랑하는 눈으로 쳐다
보았다. 그리고 이 박사도 말을 보태었다.

"당신들이 이 먼 곳까지 우리를 만나러 오니 얼마나 기쁜지 말로 다 할 수
없어 속상합니다."

자신들의 땅에 복음을 전하기 위해서 이 지역의 한국인들이 전도
협회를 설립하였다. 모든 교인들이 참여하기를 기대하였고, 회비로
매달 2분의 1페니를 내고 있었다. 이 방법으로 이들은 두 명의 매서
전도인을 지원하고 있고, 곧 더 많은 사역 지원을 희망하고 있다. 한국
인들은 대부분 가난하여 한 달에 2분의 1페니도 심각한 고려사항이
다. 그러나 그들은 그리스도와 하나님 나라의 확장을 위하여 더 가난
해지는 것도 마다하지 않고 있다. 자신들의 나라가 그리스도 복음으
로 복음화되기를 강하게 희망하고 있고, 어떤 희생도 불사하고 있는
것이다.

월요일 아침 우리는 시골 순회로 떠나기 전에 일본 지사를 방문하
였다. 미나쉬 씨는 우리를 매우 정중하게 맞이하였고, 자신의 힘이 닿
는 대로 돕기를 원한다고 하였다. 그의 영향력이 몇 번 도움이 되었기
에, 우리는 교회를 대신하여 그에게 감사를 표하는 기회로 삼았다.

교회로 다시 돌아오자 짐을 가득 실은 나귀와 마부들이 기다리고 있었다. 우리 순회의 첫 부분은 진주로 난 새길로 가는 여정이었는데, 일본인이 만드는 18피트의 넓은 도로로 좋은 다리와 터널들도 있었다. 완공되면 우리 사역에 큰 도움이 될 길이었다.

우리는 계단식 논에 배수로가 있는 길을 갔고, 양옆에는 산들이 가깝게 있었다. 때로 계곡이 좁아 길이 산기슭에서 끝이 날 것 같았으나, 모퉁이를 돌면 갑자기 새로운 계곡의 길이 나타나기도 하였다. 어떤 때는 그 길이 산 위로 이어지기도 하였고, 다시 새로운 계곡으로 내려가기도 하였는데 매우 아름다웠다.

저녁이 되자 한 곳에서 한 무리의 기독교인이 우리를 맞았다. 이들은 우리가 어둠 속에 헤맬까 염려하여 등불을 들고 3마일이나 마중을 나온 것이다. 우리가 가까이 가자 이들은 등불을 켰고, 우리 한 사람에 한 명씩 등불로 우리의 길을 밝혀주었다.

교회에 도착하자 또 다른 사람들이 우리를 반겨주었다. 그들은 아름다운 방법으로 우리에게 인사를 하며, 환영해 주었는데, 이 소박한 한국인들의 영혼을 사랑할 수밖에 없었다. 이 작은 교회당 안에 150명 정도가 들어와 앉았고 교회당 밖에는 더 많은 사람들이 서 있었다. 우리는 이들에게 우리를 만나러 멀리서 와서 감사하다고 인사하였다.

"만약에 그것이 감사하다면, 수천 리 밖에서 우리를 보기 위하여 온 목사님들에게는 어떻게 인사를 해야 합니까."

너그러운 대답이었다. 그리고 이들의 말은 진정 그대로였다. 인사 후에 우리의 삶을 예수 그리스도께 완전히 바치자는 요청에 그들은 화답하였다. 우리 세 명은 이날 밤, 8×8피트 방에서 잘 잤다.

다음 날 우리는 우리의 지칠 중 모르는 나귀에 올라 또 다시 길을 재촉하였다.

그리고 이 여정의 끝에도 한 무리의 교인들이 우리를 마중 나와 있었고, 그들은 우리와 함께 3마일을 걸어 안내하였다. 이 작은 교회당도 저녁에 사람으로 붐볐고, 다음 날 아침에는 새 지도자를 뽑기 위하여 많은 사람들이 모였다. 목사가 없는 이 교회에서 선택된 지도자는 모든 일을 보았고, 단순히 그 일을 사랑하는 마음에서였다. 아무도 봉급은 받지 않았다.

이번에 뽑힌 지도자는 자신의 부족함을 말하면서, 그 역할을 받아들이기 주저하였다.

"저는 너무 약합니다. 이 역할은 너무 중요하기에 그 책임을 맡기가 너무 두렵습니다. 하나님이 도와주시면 교회 일에 최선을 다하여 협력하겠지만, 저는 너무 불완전합니다. 지도자 역할은 다른 사람이 하면 좋겠습니다."

그러나 그는 결국 그 역할을 맡도록 설득당하였고, 교인들도 기뻐하였다.

우리가 가면 갈수록 사람들의 열정도 더 큰 것 같았다. 진해에서는 배돈 읍내에서부터 한 사람이 와 자신의 마을에서 하룻밤 묵어가기를 간청하였다. 그들은 말하기를 페이튼 목사가 자신들에게 특별한데, 그 이유는 자신들의 마을 이름 '배돈'이 페이튼의 이름과 같다는 것이었다. 그러므로 페이튼 목사는 자신들의 마을에 속해있고, 자신들의 선교사로 자신들의 마을에 묵어야 한다는 논리였다. 우리는 그곳에서 하룻밤을 묵을 수는 없었지만 낮에 그곳을 들렸고, 매우 감동적인 예배가 있었다.

고성과 통영

　예배 후에 우리는 고성을 향하여 계속 행군하였다. 그곳 읍내에서 부터 68명의 교인들이 우리를 만나러 5마일이나 걸어 나와 기다리고 있었다. 좀 더 가니 44명이 더 기다리고 있었다. 대부분의 사람들은 긴 흰옷을 입고 있었고, 앞장서서 걷는 그들의 모습은 인상적인 광경이었다. 그들은 노래를 불렀는데, '이른 아침부터 해가 질 때까지'와 다른 귀에 익은 찬송가였다. 피곤에 지친 논의 추수꾼들은 허리를 세워 우리 일행을 쳐다보았고, 길가의 마을에도 구경꾼들이 우리를 지켜보았다.

　우리를 안내하는 행렬은 점점 길어졌고, 고성에 도착하였을 때는 그곳의 모든 사람이 나와 인사하였다. 그들은 우리 앞에서 길을 안내하였고, 우리 뒤에도 많은 사람들이 따라오고 있었다. 곧 우리는 교회 당에 도착하였고, 큰 군중이 교회 안팎을 채웠다. 교회당 위에는 하얀색에 빨간 십자가의 깃발이 있었고, 그들이 '만복의 근원 하나님'을 찬송할 때는 큰 물줄기들이 내는 소리와도 같았다.

　우리가 한국에서 본 가장 인상적인 모습 중 하나였다. 10년 전에 우리 선교사가 고성에 왔을 때는, 외로운 한 전도자가 홀로 그를 맞이하였었다. 지금은 이들이 그에게 할 수 있는 최고의 환영을 하고 있고, 전체 읍민이 나와 그 선교사 고향 교회의 대표들을 맞이하고 있는 것이다. 이들은 깊이 고개 숙여 우리에게 인사하였고, 평안 중에 왔는지 물으며, 먼 거리에 고생한 것을 위로하였다. 그리고 수천 리 길을 마다하지 않고 온 것을 감사하였다.

저녁에는 300명의 사람들이 그 작은 교회당 안에 들어찼고, 밖에는 200여 명의 사람들이 복음에 귀를 기울였다. 많은 사람들이 자신들의 삶을 완전히 그리스도께 바치기로 결단하였다.

다음 날 그들은 우리가 고성읍에서 완전히 나갈 때까지 동행하였는데, 하얀 옷의 행렬 앞에 하얀 바탕의 십자가가 바람에 나부끼었다. 그중에 어깨가 넓은 성서 매서인이 눈에 띄었는데, 사람들은 그를 나귀로 부르고 있었다. 그것은 고집이 세거나 어리석어서가 아니라, 거대한 양의 성경을 지고 다니며 산과 계곡을 건너 성경을 팔거나 전도를 하기 때문이었다.

고성에서 우리는 산과 계곡을 건너 칠암(지금의 통영 _역자 주) 해안에 도착하였다. 그곳 중심부까지 아직 5마일이나 남았는데, 200명의 교인이 나와 우리를 환영하였다. 가는 길에 더 많은 교인들이 나와 인사를 하였고, 우리 앞뒤로 긴 행렬을 이루었다. 길에서 보이는 전경은 매우 아름다웠는데, 바다의 잔잔한 물과 점처럼 흩어진 섬들이 매력을 더 하였다. 읍내에 도착하자 사람들은 붐비었고, 비기독교인들도 흥미로운 광경에 우리를 구경하였다.

교인들은 우리를 교회로 안내하였고, 상 위에 오렌지, 레몬, 감, 과자, 파인애플, 삶은 달걀 그리고 다른 맛있는 음식들이 우리를 기다리고 있었다. 교인들은 찬송을 부르기 시작하였다. '만복의 근원 하나님'이었다. 그리고 그들은 우리에게 주저 말고 먹으라고 권하였다. 그러나 우리는 배를 타고 오는 동료들을 먼저 만나야 한다고 설명하였고, 그들이 오면 함께 먹겠다고 하였다. 교인들은 대답하였다.

"우리는 그들을 위해서도 특별한 잔치를 준비하였습니다. 그리고 그 배가 도착하려면 아직 1시간이나 남았습니다."

우리는 더 이상 사양치 않고 한국인 교인들이 준비한 음식을 먹었다.

우리는 그곳에서 일본인 여관에 들었다. 이곳에서 월요일까지 묵을 것이다. 조금 후에 배가 도착하였는데 아담슨 부인과 아기, 데이비스 부인(마가렛 데이비스 모친 애니 _역자 주)과 데이비스 양, 켈샬 양이 있었다. 이들은 진주로 향하는 길이었고, 멕켄지도 동행하였다. 우리 그룹은 아담슨, 앤더슨, 허친슨 그리고 나 자신인데, 이 지역에 이렇게 많은 외국인이 한자리에 모인 것은 처음이었다. 거리에도 일본인과 한국인이 모였고, 우리가 묵는 여관을 주시하였으나 그들은 친절하고 예의가 발랐다. 이 도시에서 그들은 우리를 보는 것을 즐거워하였다.

칠암은 4만 명이 사는 도시이고, 집들은 아름다운 항구 주변에 모여 있었다. 바다에는 섬들과 배들이 떠 있었다. 일본인들이 이 도시의 큰 부분을 점하고 있는데, 이제는 어디서나 그들을 볼 수 있었다. 항구 반대편에는 거제도가 있었고, 비슷한 수의 사람들이 살고 있었는데 우리의 일이 그곳에서도 빠른 속도로 열려가고 있었다. 한국은 어디에서나 추수할 것이 많아 기쁘지만, 추수꾼이 적어 상심되었다.

칠암에서의 주일예배에 사람들이 많이 참석하였고, 한국의 교회가 그런 것처럼 이곳도 다르지 않은 진지한 영혼들이었다. 월요일 아침 그들은 모여 기도를 하였고, 저녁에는 우리가 떠나는 것을 환송해 주었다.

진주에서

증기선으로 세 시간 남짓 항해하니 삼천이 나왔다. 닻이 내려지고 작은 배가 와 우리를 육지로 이송하였다. 밤의 어둠을 뚫고 잘 알려진 찬송가 코넷 음악소리가 물 위로 들려왔다. 그리고 우리는 이내 알아차렸다. 매크레 목사가 진주에 무사히 도착을 하였고, 우리를 만나러 둑에서 기다리고 있다는 사실이다. 커를, 라이얼 그리고 스콜스도 그곳에 있었고, 우리는 큰 환영을 받았다.

다음 날 이른 아침 스콜스는 안내자로, 철학자로 그리고 친구로 여성 모두를 안내하여 진주로 떠났고, 우리 남성들은 일주일 예정으로 라이얼의 구역을 방문하기로 하였다. 거의 시작부터 우리는 꽤 넓은 바다를 건너야 하였는데, 남해 옆에 있는 내륙과 한 섬 사이였다. 유리와 같은 바다에 섬들이 솟아있는 풍광은 매우 아름다웠다. 배들이 여기저기 지나고 있었고, 하얀 옷을 입은 한국인들이 짐을 나르고 있었다. 나귀들도 사람처럼 바다를 건너는 것에 익숙하여 보였고, 아무 문제도 없었다.

우리의 첫 도착지는 창송이었다. 이곳에는 한 신자가 자신의 작은 집의 한 방을 예배당으로 꾸미었고, 그곳에서 예배를 드렸다. 저녁 즈음에 우리는 또 다른 배를 타고 무린대에 도착하였는데 그곳의 여관에서 그날 밤을 보냈다.

11월 23일 아침, 짙은 구름과 더불어 비가 내렸지만 10시경 우리는 남해 읍내를 향하여 떠날 수 있었다. 이곳이 남해 섬의 중심지이다. 어제처럼 언덕들과 바다는 말할 수 없이 아름다웠는데, 내륙의 산과 계곡을 대신하는 것 같았다. 읍내로 들어가자 사람들은 우리를 따뜻하게 환영을 하였고, 어떤 사람들은 먼 길을 왔다.

잠시 휴식을 취하고 우리는 읍내 위 산 정상에 있는 하늘의 영과 땅의 영을 숭배하기 위해 세워진 절을 방문하였다. 사람들은 문제가 생길 때 이 영들을 찾는데, 많은 기독교인들이 문제가 다가오면 기도하듯이 말이다. 그리고 우리는 한때 치열한 싸움이 있었던 성벽을 방문하였는 바, 지금은 무너진 모습이었다. 관리들의 집과 공공장소도 무너져 버려졌지만, 과거의 영광을 말해주고 있었다. 그래도 이 마을은 활기 있어 보였는데, 사람들은 복음을 전하기 위하여 열심인 것 같았다.

저녁에 사람들은 교회당으로 모여들었고, 말씀에 귀를 기울였다. 예배를 마칠 때에 그들은 교재를 사기 위하여 모은 돈을 드렸는데, 섬의 전도대회를 위하여 써달라고 하였다. 매크레와 라이얼은 전도대회 시 섬에 와 도움을 주겠다고 약속하였다. 모임을 다 마칠 무렵, 한 무리의 남성들이 십 마일을 걸어 도착하였다. 자신들의 섬 발전과 관련된 중요한 질문을 자신들의 선교사에게 하기 위해서였다.

남해 섬에는 5만 명 정도의 인구가 있고, 매서인 이 씨에 의하여 4년 전에 사역이 시작되었다. 지금은 600-700명 정도의 신자가 있는데, 곧 전체 섬 주민이 기독교인이 될 기회가 있을 듯하였다. 문 조사가 라이얼 아래서 전체 사역을 감독하고 있는데, 벌써 남해 읍내교회로부터 10개의 개척교회가 생기었다.

우리는 다음 날 아침 남해 읍내를 떠났고, 낮이 돼서야 섬 맞은편의 항구에 도착하였다. 풍광은 여전히 놀랍도록 아름다웠다. 배를 타고 내륙으로 간 우리는 한 여관 마루에서 점심을 먹었다. 이곳 주민들은 외국인이 어떻게 먹는지 구경할 수 있는 절호의 기회를 가진 것이고,

그들은 그 시간을 놓치지 않았다. 그러나 항상 친절하고 존경하는 모습을 잃진 않았다.

긴 계곡과 가파른 능선이 우리와 하동 사이에 있었다. 우리는 그러나 어둡기 전에 자리를 잘 잡은 그 도시에 도착을 하였다. 남해 읍내에서 한 30마일을 온 것이다. 이곳의 사람들은 우리를 관대한 방법으로 맞아 주었고, 교회 맞은편의 집으로 데리고 갔다. 그곳은 우리가 잠을 잘 숙소였다. 우리가 앉기도 전에 한국인 경찰이 방문을 하였는데, 자신의 상관에게 보고하기 위한 정보를 얻기 위함이었다.

이날 저녁 교인들이 모여들었고, 어디서와 마찬가지로 이곳에서도 이들은 복음에 귀를 기울여 들었다. 우리는 사랑스러운 이들과 함께 좀 더 있고 싶었지만, 시간이 짧았다. 다른 곳에서도 복음을 전하기 위하여 우리는 그 마을 떠나 길을 재촉해야 하였다. 어디를 가나 사람들은 영적인 대각성 전야 같은 모습으로 우리는 느껴졌다. 성령의 숨만 불어 넣으면 될 것 같았고, 이것은 기도 속에 응답될 것이었다. 만약 국내와 해외에서도 기도할 필요를 깨닫는다면, 우리는 잠을 줄여서라도 기도할 것이다. 하나님의 능력의 날이 한국에 온 것이다.

하동에서 23마일을 더 가니 곤양이 나왔다. 그곳에서도 우리는 예배를 인도하였고, 그날 밤을 지냈다.

찬 공기 속에서도 우리는 다음 날 이른 아침부터 여행을 시작하였고, 강을 3개나 건넜고 낮에 우리는 진주 평야 부근에 다다랐다. 평야를 지날 때 벌거벗은 언덕이 보였는데, 그 위에 마른 나무 세 그루가 서 있었다. 갈보리 언덕의 십자가를 생각하지 않을 수 없었다. 진주시에 거의 다다르자 우리의 맥박은 빨라지고 있었는 바, 이곳에 대하여 우리는 많이 들어 왔기 때문이다. 기독교인들이 우리를 환영하기 위하여 큰 행진을 준비하였지만, 당국이 허락하지 않았다. 이들은 크게 상심하였다고 한다.

곧 진주가 보이기 시작하였다. 언덕 위에 관공서가 있었고, 수도 없는 버섯 모양의 집들이 둘러싸고 있었다. 우리가 점점 가까이 가자 우리의 선교부가 보였는데, 마을 뒤쪽 언덕 아래쪽에 퍼져 있었다. 왼편에는 교회당, 오른쪽으로는 새 여학교, 언덕 위 뒤편으로는 라이얼의 사택, 여선교사들의 선교관 그리고 커를의 집이 있었다. 그 뒤에는 가파르게 솟은 아름다운 회색의 산이 있었다.

그러나 배돈병원은 어디에 있는가? 그리고 우리는 우리가 동양의 나라에 있는 것을 상기하였다. 커를 박사의 끝없는 인내에도 불구하고 공사는 지연되고 있었다. 기초는 파헤쳐졌지만 결빙이 끝나기를 기다려야 하였고, 마가렛 화이트크로스 페이튼의 조카가 주춧돌을 놓으려고 했던 계획은 실망스럽게 이루어지지 못했다.

우리가 교회당으로 올라가는데, 학교의 소년들이 앞으로 나와 우리에게 인사를 하였다. 그리고 우리는 따뜻한 환영을 받으며 선교관으로 들어갔다. 스콜스와 그녀의 친구들도 무사히 도착하여 있었고, 모두 진주에 잘 있었다. 선교사들의 집은 소박하고 편안하였고, 위치는 이상적이었는 바 마을 위쪽에 그러나 마을과 가까이 있었다.

우리는 여선교관에서 점심을 먹었다. 오후 차담은 커를의 집에서 가졌고, 저녁을 라이얼 부인이 준비하였는데, 그녀는 위중한 병환에서 회복되고 있었다. 저녁 식사 후 우리는 모두 커를의 집에 모여 환담을 나누었다. 서로 나눌 말도 많았고, 같이 생각해야 할 것도 많았다. 그리고 많은 한국인 동역자들과의 친교도 참 즐거웠다.

주일 아침 교회로 갔다. 여성들과 소녀들의 밝은색 옷이 모임에 색깔을 더하였다. 부산진에서의 많은 경험도 생각나면서, 우리 가슴의 분수가 차올랐다. 해외선교부 총무가 호주교회의 인사를 전하였고,

커를이 통역을 하였다. 오후에는 앤더슨이 능력 있는 말씀을 전하였는데, 시청각 자료를 사용하였다.

한국인들의 따뜻한 환영으로 우리는 깊은 감동을 받았고, 한 주간을 이들과 함께할 생각에 기대가 컸다. 저녁 전에 우리는 산에 올라 진주의 펼쳐진 전경을 한눈에 볼 수 있었다. 마을과 굽이치는 강, 평야, 산과 계곡 등이었다. 무엇보다도 지평선의 가장 인상적인 모습은 동구 밖 언덕 위 세 개의 쓸쓸한 나무였다.

저녁에는 라이얼의 집에 모두 모였다. 우리끼리 예배를 드렸는데, 선교사들을 위하여 그리고 한국 백성들을 위하여 기도로 우리의 마음을 하나님께 쏟아부었다. 진주에는 6만 명의 인구가 있으며, 150마일 부근의 전략적인 중심지이다. 우리 중에 아무도 진주에서의 주일 하루를 절대 잊지 못할 것이다.

월요일 아침, 커를, 매크레 그리고 해외선교부 총무는 미국 선교사들이 분할정책 합의에 의하여 우리에게 넘긴 북서 지역을 방문하게 되었다. 우리가 떠날 때 비가 내리기 시작하였고, 우리는 금세 비에 젖었다. 그럼에도 계속 걸어 온기를 유지하였고, 나귀들은 우리가 타지 못하니 좋아하는 듯하였다.

13마일을 가니 안간이 나왔다. 그곳에서 우리는 점심을 먹고 예배를 드렸다. 마부들은 더 이상 가지 못하겠다고 하였고, 그날 밤 더 이상 진행하는 것을 거절하였다. 그들은 우리가 자기들에게 의지하고 있다고 생각하였지만, 하나님의 일은 긴박하였다. 우리는 그들을 그곳에 두고 계속 가기로 하였다. 한 마부는 계속 우리와 동행할 의사가 있어서, 다른 마부들은 돈을 주어 보내고, 한 지게꾼을 불렀다. 나귀와 지게꾼에 짐을 나누어 싣고, 우리는 빗속에 진흙 속에 10마일을 더 걸어 삼가에 도착을 하였다.

우리가 그곳에 도착하였을 때는 이미 많이 어두워 있었다. 교회를 잘 찾지 못하였는데 마침내 우리 일행이 교회에 도착하였을 때, 교인들의 따뜻한 환영이 있었고 우리가 고생한 것을 염려하였다. 밖에서 춥고 젖어 떠는 몸을 보상받는 것 같았다. 한 시간 정도 지나자 마부와 지게꾼도 도착을 하였고, 비로소 우리는 젖은 옷을 갈아입을 수 있었다. 그럼에도 마른 옷이 모자라 설교자와 통역자는 가장 비정규적인 옷을 입고 예배를 인도하였다.

한국인들은 방바닥 아래 불을 지폈다. 그리고 마른 볏짚을 가져와 바닥에 깔아 잠자리를 꾸몄다. 이것으로 우리는 우리의 젖은 깔개를 그리워하지 않아도 되었다. 추위와 떨림이 더 이상 없어졌고, 우리는 이번 경험을 즐겼다.

창태에서 우리는 점심을 먹고 예배를 드렸다. 그리고 높은 산으로 올라 사방의 아름다운 전경을 보았다. 어둠이 내릴 때에 우리는 거창에 도착하였고, 그곳에는 3천 명의 인구가 있었다. 그곳 사람들은 매우 친절하게 우리를 환영하였으며, 그들과 흥미로운 저녁을 함께 하였다.

다음 날 아침, 우리는 선교부 부지를 알아보기 위하여 나섰다. 거창은 평야와 계곡에 의하여 둘러싸여 있었고, 아름다운 강도 흐르고 있었다. 진주로 통하는 길도 닦여 있었고, 기찻길도 있었다. 거창은 큰 지역의 중심부였고, 우리 선교의 중요성과 영향력이 이곳에서 증가할 것이 분명하였다.

우리는 그곳에서 7마일 정도 떨어져 있는 안위로 갔다. 그곳도 선교부의 후보지로 조심스럽게 조사를 하였다. 안위에는 1,500명 정도가 살고 있었고, 바로 강 건너에 또 다른 큰 마을이 있었다. 지역도 풍요로웠고 길도 좋았으나, 이 마을은 쇠락하고 있었다. 그리고 다른 마을과의 연결성도 좋지 않았다. 심사숙고 끝에 만장일치로 북서 지역의 새 선교부는 거창이 제일 적절하다는 결정이었다.

안위에서 우리는 빗속에 함양까지 갔는데, 어둠이 내린 후 그곳에 도착하였다. 그곳 사람들은 평범하지 않은 사랑의 환영을 하였는데, 우리가 교회 안에서 젖은 몸을 말리고 편안하도록 최선을 다하였다. 커를의 마지막 방문 이후 사역에 진전이 있었는 바, 믿지 않던 한 노인이 이제는 부지런한 기독교인이 되어 있었다. 그와 또 한 명의 남성은 매일 언덕에 올라 마을을 굽어보며 모든 주민들을 위하여 하나님께 기도하였다. 다른 마을과 마찬가지로 함양의 기독교인들도 호주의 기독교인들이 대표를 보내 자신들의 사역을 격려하는 것에 깊이 감사하였다. 그리고 그들은 우리를 보낸 호주 교회에 깊은 감사를 전하기 원하였다.

이제 우리는 다시 돌아가는 길 위에 있는데, 풍경은 여전히 아름다웠다. 우리는 사금과 산청도 방문하였는데, 1,500명 정도가 살고 있었고, 남한에서 가장 높은 지리산도 지나왔다. 굽이굽이 흐르는 강줄기가 풍취를 더 하였다. 이날 밤 우리는 바로 진주로 돌아가기 원하였지만, 말 한 마리가 문제를 일으켜 길 위의 여관에서 하룻밤을 자고 다음 날 진주에 도착하였다.

진주선교부는 모든 것이 평안하였다. 그런데 일본 당국이 갑자기 우리의 책을 모두 압수하여 우리는 헌병대장을 찾았다. 그는 우리를 친절하게 맞았고, 무슨 일이 있었는지 전혀 모른다고 하였다. 그는 이 일에 관하여 알아보겠다고 하였는데, 의례적인 대답 같았다.

이날 밤 많은 이야기가 있었고, 다음 날 아침 나는 5시에 마산포를 향하여 떠났다. 마부 한 명과 나귀 한 마리를 동행하였다. 부산진으로 가는 오후 7시 10분 기차를 타기 위함이었다. 40마일의 거리였지만 마부는 잘 인도하였다. 한 곳에서 우리는 교회를 지나치는데 두 명의 기독교인이 뛰어와 우리를 보았다. 그러나 나는 한국말을 못하고, 그들은 영어를 못하여 소통이 안 되었고, 우리는 후회스럽게도 우리 길을 재촉할 수밖에 없었다.

마부는 열심히 재촉하여 나를 마산포 역에 오후 5시 15분에 내려주었다. 거의 두 시간이나 여유가 있었는데, 그의 참된 친절함에 감사를 느끼었다. 그의 한 가지 단점이 있다면 나귀가 말을 듣지 않을 때 한번 화가 나면, 돌을 집어 나귀를 향해 힘껏 던지는 것이었다. 이 순간이 나를 걱정하게 만들었는데, 돌이 둔하게 동물의 몸을 때리고 떨어졌다. 나귀는 이 상황을 철학적으로 받아들이고, 명상하는 눈으로 계속 행진하여 왔다.

부산진으로 가는 표를 사려고 할 때, 무엇인가 충격적인 일이 나를 기다리고 있었다. 시간을 계속 지켜보다가 알게 된 사실이었다. 매일 있던 7시 10분 기차가 오늘은 없다는 것이었다. 다음 날까지 다른 기차도 없고, 배를 타는 방법도 없었다. 이날 밤 나는 부산진에 도착하는 것이 매우 중요하였는데, 다음 날 주일 그곳에 꼭 있어야 하기 때문이었다. 그럼에도 나는 마산포 역에 내 언어를 알아듣는 사람이 없는 군중 속에 희망 없이 버려져 있었다. 물론 나도 한국어를 못하였다.

일본 여관 매니저의 친절함으로 나는 인력거를 부를 수 있었다. 나는 그에게 우체국으로 가달라고 하였는데, 서로 이해하기 크게 어려웠다. 우체국에서 나는 엥겔에게 전보를 쳤고, 마산포교회로 갔다.

인력거꾼이 교회를 찾기 위하여 몇 군데를 들리며 오래 헤매다가 포기할 즈음, 교회당을 찾았다. 그곳 관리인이 나를 아담슨의 특별한 방으로 안내를 하였다. 음식도 거의 없었고, 깔개만이 전부여서 추웠지만 그래도 편안한 밤이었다. 다음 날 아침 6시 20분에 기차가 있었다. 주일 여행을 망설이는 나에게 큰 유혹이었다. 그러나 원칙이 이겼다. 나는 월요일까지 기다리기로 하였다.

아침 식사를 대충 마치니, 교회에 사람들이 모였다. 그들은 내가 마치 하늘에서 뚝 떨어진 양 혼자 있는 것을 보고 놀랐다. 그들은 나에게 안녕한지 인사를 하였다. 그리고 내가 편안하도록 최선의 배려를 하였다. 이들의 동정과 사랑으로 마음이 안 움직일 사람이 누가 있겠는가.

이 박사가 주일예배를 인도하였다. 400여 명이 참석을 하였고, 여성들은 형형색색의 옷을 입고 있었다. 파랑, 노랑, 초록, 주황, 적갈색, 회색, 하양, 갈색, 핑크, 빨강 등등이다. 남성들은 진지하게 입었는데, 회색, 검은색, 파란색도 있지만 주로 하얀색 옷이었다. 교인들의 태도는 경외심이 있었고, 모두들 주일학교 교사의 가르침에 귀를 기울였다. 내가 알아채지 못하는 사이에 찬송으로 시작되었고, 이 박사가 기도를 인도하는 동안 완전한 고요가 흘렀다. 그리고 각 반의 수업이 시작되었다. 얼마 후 헌금시간이 있었고, 최 조사가 배운 것에 대하여 질문하자 여기저기서 대답이 터져 나왔다. 내용이 잘 이해되었다고 생각되자 그는 짧은 연설을 더하였다.

이윽고 예배가 시작되었다. 이 박사가 역시 사회를 보았고, 찬송가를 인도하였다. 인도자나 교인이 항상 같은 음정은 아니었고 또 박자도 맞지 않았지만, 교인들의 얼굴에는 황홀한 모습이 있었고, 찬송 속에는 예배가 있었다. 설교는 곽 조사가 하였는데, 성경 구절을 강론하였다. 헌금시간이 다가오자 여성교인은 여성 헌금위원이, 남성교인은 남성 헌금위원이 봉사를 하였다. 5피트 길이의 나무 끝에 달린 주머니를 가지고 각자 교인들의 헌금을 받으러 다녔다. 헌금시간도 엄숙히 진행되었고, 헌금도 예배의 한 부분으로 인식하고 있는 것이 명백하였다.

예배 후에 교인들은 나에게 인사하며 환영하였다. 이 박사, 최 조사 그리고 곽 조사가 나의 방에 들어와 음식과 잠자리 등을 봐 주었다. 곽 조사는 손을 들어 나에게 "시장하시겠어요"라고 말하였다. 이들이 나간 후 한 소년이 닭을 가지고 왔고 그리고 차례로 계란과 우유 4병도 가지고 왔다. 네 번째 사람은 빵을 가지고 왔다. 나의 그 나이 많은 친구들은 내가 배고플 것을 알고 염려하여, 음식을 보내준 것이다.

그러나 불행하게도 그 음식이 만들어지는 동안 나는 말라리아로 인하여 기운이 없어졌고, 음식을 겨우 입에 대기만 하였다. 나의 모습을 본 이 박사는 더욱 걱정하며, 한숨을 쉬며, 고개를 저었다. 그들은 밖에서 서로 상의하더니 내 방으로 한 사람이 들어왔다. 그러나 우리는 서로 알아들을 수 없었다. 나는 그들이 베푼 사랑과 친절에 내가 얼마나 고마워하는지 알려주기 원하였다.

다음 날 아침 아직 어두울 때에 나는 기차로 마산포를 떠나 부산진으로 향하였다. 이번에도 실망이 기다리고 있었다. 기차는 산노신 역까지만 운행을 하였다. 그곳에서 나는 서울로 가는 기차를 3시간 반 기다렸다. 일본인 역장이 나에게 난로 옆 자신의 의자를 내어 주었다. 그리고 차도 끓여주며 내가 편안히 있도록 도와주었다. 일본인 장군 한 명과 그의 부하들도 들어 와 앉아 차를 마셨다. 역장은 영어에 열심이었고, 나는 그 의미 없는 아침 시간, 역장에게 영어 회화를 가르쳤다.

이것이 한국 남쪽에서의 우리 순회전도 이야기다. 우리 중 몇 명은 말을 타고 500마일 이상 여행을 하였고, 이것은 다른 방법으로는 통찰할 수 없는 우리 사역의 많은 부분을 볼 수 있게 하였다. 이 외에, 이 방법으로 우리 교회의 전체 선교지를 돌아볼 수 있었고, 우리 선교사들이 위대한 선교를 하고 있는 동안 감당하는 여러 가지 어려움을 알수 있었다. 하나님은 우리에게 한국의 한 큰 부분을 위임하셨고, 이곳 사람들도 원하고 있고, 그러나 우리 선교사들은 과로와 직원 부족으로 힘이 든 상황이다. 우리가 추수의 시기를 놓치지 않으려면 빠른 시일에 인원을 보충해야 한다.

우리는 또한 배우기를 한국에서의 순회전도는 큰 고생을 내포한다. 최전선에 있는 우리 선교사들에게 깊은 위로를 전하는 것은 영원히 가치 있는 일이다. 남선교사들에게 순회전도가 어려운 일이라면, 여선교사들에게는 얼마나 더 힘든 일이겠는가. 우리 여선교사들이 선교지의 최전방 용감한 얼굴이라는 것을 우리 교회가 깨닫는다면, 호주교회는 이들을 위하여 하나님의 계속되는 은혜와 보살핌을 더 간구해야 할 것이다. 순회하는 동안 만나는 어려움을 마다하지 않는 이 여성들의 용기와 헌신은 어떤 말로 칭찬하여도 충분치 않다. 남성과 여성은 모두 신실하고, 열매 맺는 봉사를 하고 있다. 교회가 이들을 십자가의 선교사로 위탁하고 파송하였는데, 높은 영광을 받을 가치가 있는 일꾼들이다.

서울

오전 11시 37분 서울행 급행열차가 산로신 역에 도착하였다. 이 기차에는 위원회의 다른 위원들이 타고 있었다. 데이비스 부인과 켈샬 양이었고, 벨포어 씨와 길란더스 씨도 일본 여행을 마치고 돌아왔는데 모두 좋아 보였다. 우리는 서울로 가는 동안 서로의 수첩을 보며 이야기할 내용이 많았다. 또한 호주에서 온 편지도 있었으므로 시간은 빨리 지나갔다. 2등 칸은 매우 편안하였고, 식당 칸도 적절하고 훌륭하였다.

우리는 8시 10분에 서울역에 도착하였다. 세브란스 병원의 에비슨 박사, 피터스 목사 그리고 YMCA의 길레트와 브록만 씨가 우리를 환영하였다. 앞으로 우리가 받을 특별한 환영의 시작이었고, 이것은 서울에서뿐만 아니라 우리가 방문하는 선교부, YMCA 총무단 등등이었다. 벨포어, 길란더스 그리고 나는 세브란스병원에서 환영을 받았고, 나머지는 같은 구역 피터스 목사 부부의 손님이 되었다.

세브란스는 알렌 박사의 후임으로 한국에 복음이 들어오는데 그는 큰 역할을 하였다. 현재의 건물은 미국의 알렉산더 세브란스 씨의 선물이다. 뿐만 아니라 그는 의학과를 건립할 수 있도록 큰 재정지원을 하였는데, 현재 건물이 세워졌다.

세브란스 의과대학과 병원이 서로 자급하는 기관이 되어 의약품도 생산하고, 의과대학의 운영을 위하여 교재도 출판하고 모든 시설과 필요한 기구를 제공한다는 이상이 있었다. 벌써 학교는 수명의 의료인을 훈련하였고, 정부에 의하여 학위가 인정되고 있다. 간호사들도 배출되고 있었고, 에비슨 박사는 이들이 매우 효과적이고 믿을 수 있는 인력이라고 말하였다.

현재의 교수진은 에비슨 박사, 허스트 박사, 쉴즈 양, 두 명의 한국인 의사 그리고 수명의 한국인 간호사들이다. 미국 장로교가 시설과 직원 숙소를 제공하고, 또 다른 교회들은 매년 3개월 동안 의사 한 명씩을 제공하여 전공과목을 강의하게 한다는 계획이었다. 그리고 매년 현재의 비용 충당을 위하여 조금씩 공헌하기 시작하였다. 이렇게 하므로 세브란스대학은 한국 전체를 위한 연합대학이 될 것이었다.

또한 모든 한국인 의사를 기독교인으로 배출한다는 말로 다할 수 없는 가치도 있었다. 현재 대학에 50명의 의대생이 있고, 한국에서 유일한 의과대학이다. 한 국가에 한 번 올까 말까 한 엄청난 기회이며, 교회들이 이 중요성을 알고 기회를 온전히 잡기를 많은 사람들이 기도하고 있다.

세브란스병원에는 남성 전도인과 여성 전도부인이 있어 각 환자들을 방문하고 있다. 많은 외래환자들이 그리스도께 인도받고 있으며, 거의 모든 입원환자들은 기독교인이 되고 있다. 기독교인이 된 환자들의 이름과 주소가 보관되어 후속 돌봄도 이루어지고 있다. 그 결과 여러 지역에서 개척교회가 생겨났고, 때로 고향으로 돌아간 환자의 전도로 마을 전체 주민이 예수 믿게 되기도 하였다.

다음 날 아침, 브록만 씨가 와 우리를 YMCA로 안내하였다. 그곳에는 청년회에 의하여 산업과 문학부서의 교육이 온전하게 진행되고 있었다. 우리는 한국 학생들이 각종 기술을 배우는 모습을 보았는데, 목공예나 기계공학 들이다. 우리는 또한 뭔가 유용한 과목들을 교실에서 공부하는 학생들을 보았다.

교육부서는 이 박사가 책임 맡고 있었는데, 그는 무척 흥미로운 성격을 가진 사람이었다. 청년시절에 그는 불타는 개혁주의자였는데, 그 활동으로 인하여 그는 감옥에 가 7년을 살았다. 그가 접할 수 있는 책은 오직 성경이었고, 그는 사전을 구하여 성경을 읽을 수 있었다. 어느 날 그는 감리교 학교에 있을 때 그가 읽은 것이 기억이 났다.

"하나님께서 세상을 이처럼 사랑하셔서 외아들을 주셨으니, 이는 그를 믿는 사람마다 멸망하지 않고 영생을 얻게 하려는 것이다."

그리고 만약 기도하면 하나님께서 들으실 것이라고도 배웠다. 감옥 속의 이 씨는 머리 숙여 기도하였다.

"나의 영혼을 구원해 주시고, 나의 조국을 구하소서."

그의 영혼은 즉시 기쁨으로 넘쳤고, 하나님이 자신의 기도를 들으셨다는 것을 알았다. 그때부터 그는 열심 있는 일꾼이 되었고, 그의 감옥의 동료와 교도관들도 전도하였다. 그리고 이들 중 몇 명은 한국에서 지도자가 되었다. 그는 감옥에서 순회 도서실을 담당하였고, 예수에 관한 지식을 널리 나누었다.

감옥에서의 기간이 끝나자 이 씨는 미국으로 건너가 공부하여 석사와 박사 학위를 취득하였다. 그는 한국으로 돌아와 YMCA 교육부 총무가 되었다. 그는 이곳에서 일을 훌륭히 하였다. 그는 여전히 불타는 개혁주의자이지만, 개혁은 영적인 변화를 통하여 이룰 수 있었고, 그래서 자신의 나라를 복음화하기 위하여 온 힘을 다하고 있었다.

YMCA의 영적인 면을 보자면, 또 다른 특별한 한국인 최이송 씨가 있는데 그는 종교사역 총무이다. 그는 미국의 한국대사관 첫 서기관이다. 그도 한국의 희망을 예수 그리스도에게서만 보았고, 열정적인 전도자요 설교자였다. 최근의 전도집회에서 그는 900명의 사람을 그리스도께 인도하였다. 이런 인재가 일을 하고 미국의 총무단이 지원하니, 서울의 YMCA는 큰일을 감당하고 있다. 현재 이곳에는 880명의 활동적인 회원이 있고, 그중 878명은 정기적으로 성경공부를 하며, 500명의 협동회원이 있다. 입회의 조건은 각자의 교회에서 활동적인 교인이어야 한다. 그러므로 YMCA는 교회와 협력하여 일을 하고 있고, 산업반은 국가의 큰 필요를 충족시킬 수 있다. 만약 현재의 경향이 계속된다면 모든 학교에 잘 발전된 산업반이 생겨야 할지도 모른다.

우리의 다음 방문지는 언더우드 박사와 밀러 씨가 운영하는 학교이다. '한국의 부름'이란 책을 읽은 후 우리는 한국에서의 베테랑 선교사를 만나고 싶었다. 그 시니어 선교사를 만나는 것은 어떤 면에서 충격이었는데, 세월의 무게로 허리가 굽어서가 아니라 열정적이고 깨어 있는 사람으로 그의 전성기에 있었기 때문이다. 이것은 한국이 '얼마나 젊은 선교지'인지를 깨닫게 해 주었고, 선교의 발전이 얼마나 놀라운지 말해 주었다.

언더우드가 얼마나 강하고, 지적이고, 영적인 능력의 소유자인지를 발견하지 못한다면 그의 동료라 할 수 없다. 그는 장차 한국의 교육에 대하여 깊은 염려를 가지고 있고, 나라 전체의 교육이 기독교 교육이 될 수 있는 기회를 교회가 가지고 있다고 믿었다. 그러나 그런 놀라운 기회가 세속주의적인 교육자들의 손으로 돌아가고 있다고 하였다. 언더우드는 한국의 미션 스쿨 지원을 호소하였고, 미션 스쿨이 세속학교보다 더 좋은 졸업생들을 배출할 것이라 주장하였다. 그러나 초등학교의 기회는 이미 사라졌고, 중등학교 교육은 아직 선교사들의 손에 있다고 하였다. 만약 미션스쿨이 계속하여 지원되고 교사가 충당되면 영향을 꾸준히 끼칠 수 있었다.

한국의 대부분 지도자와 같이 언더우드 박사도 한국 기독교인의 영성은 중국과 일본에도 깊은 영향을 미칠 것이라고 믿었다. 그는 말하기를 실제적으로 일본이 움직여지고 있으며, 일본에서보다 한국에서 일본인 전도가 더 쉽다고 하였다.

학교의 채플에는 40명 정도의 학생들이 참석하였고, 길란더스가 설교하고 언더우드의 비서 김 씨가 통역을 하였다. 김 씨는 훌륭한 영문학 학생이었는데 그는 미국의 대학에서 영어와 벨레스 문학을 공부하였고, 최우수상을 받기도 하였다. 사실 우리의 여행 중에 우리는 몇 명의 빛나는 한국 젊은이들을 만났는데, 이들의 지적이고 영적인 재기는 한계가 없는 듯하였다.

저녁에는 종교사역부 최이송 총무가 사회를 보는 YMCA의 한 모임에서 우리 위원 두 명이 연설을 하였다. 이후 에비슨의 집에서 우리 몇 명의 선교사들과 한국인 사역자들을 만났다. 다음 날 길란더스는 세브란스 의과대학에서 '인간 성격의 발달'이란 제목으로 강연을 하였다. 곧 이어 생물학과의 김 박사가 능력 있는 강연을 이어갔다. 감신대 학생들에게도 우리 중 둘이 강연을 하였는데, 하디 박사가 사회를 보았다. YMCA에서도 강연을 하였고, 이 박사가 사회를 보았다. 우리는 영국과 해외성서공회도 방문을 하였고, 밀러 씨는 우리에게 성서공회가 한국에서 얼마나 놀라운 일을 하고 있는지 소개하였다.

한국에서 만난 외국인 중에 가장 흥미로운 사람 중 한 명은 게일 박사이다. 그는 『코리아 스케치』, 『더 뱅가드』, 『한국의 전환』 등 많은 도서의 저자이다. 호주인들은 특히 게일에 관심이 많았는데, 그가 헨리 데이비스의 마지막 순간에 사랑으로 돌보고, 부산의 한 언덕에 그를 장사하였기 때문이다. 그는 전반적으로 매력적인 사람이었고, 즉시 집으로 온 것 같은 편안함을 주었다.

자연적으로 우리는 선교 초기에 관하여 물었다.

"당신을 도와 데이비스를 간호하였던 이 씨는 아직 살아있습니까?"

"왜 그를 찾으세요. 지금 이 집에 있습니다. 그를 부를게요."

게일의 대답에 우리의 관심이 요동쳤다. 잠시 후에 온화하고 위엄 있는 한국인이 들어 와 따뜻하게 우리와 악수를 하였다. 그는 우리가 데이비스의 친구들이고, 데이비스 부인은 그의 시누이인 것을 듣고, 깊은 감동이 있는 것 같았다. 그는 다음과 같이 말하였다.

"데이비스는 우리의 어둠 속에 들어와 우리의 집들을 방문하였고, 우리의 병에 걸렸습니다. 그리고 하나님은 그를 데리고 가셨습니다. 그러나 그는 이 어둠의 땅에서 씨앗으로 심기어졌고, 한국을 위한 큰 빛과 생명으로 자랐습니다."

게일은 한국 상황에 관한 매우 흥미로운 정보를 우리에게 알려주었다. 견고한 교육정책의 필요성과 성경학교의 큰 중요성을 강조하였다. 현재의 발전 상황이 한국인들이 어떻게 성경을 자신들의 도서로 읽게 되었고, 그 결과 예수 그리스도를 자신들의 나라를 위한 오직 희망으로 삼게 되었는지를 지적하였다. 이 변화하는 상황에서 외국선교사나 한국 기독교인이나 할 것 없이 최고의 가능한 지혜와 재치가 필요하였다.

우리는 또한 언더우드 부부와 그들의 한국식 집에서 긴 대화를 나누는 특권을 가졌다. 남편과 같이 언더우드 부인도 한국에 관하여 몇 권의 책을 집필하였고, 한국인에 관한 모든 일에 동정심과 통찰력으로 대화하였다. 해외 선교사들과의 관계에 있어서 한국 기독교인들이 보여준 좋은 영성을 언더우드는 언급하였다. 더 많은 권한과 책임이 점점 더 한국교회에 부여되고 있음에도, 해외 선교사들의 의견을 그들은 무시하지 않고 있었다. 오히려 자신들의 영적인 아버지와 더 좋은 조화를 이루어 일하기 원한다는 것이었다.

백만 구령 운동에 관하여 그는 백만 인이 직접적 회심을 하는 결과에는 아직 도달하지 못하였지만, 기독교를 향한 백만 명 한국인들의 태도는 바뀌었다고 하였다. 자신이 아직 개인적으로 받아들이지는 않았지만, 기독교가 선한 것이라 여기고 있다고 하였다. 남쪽을 제외하고 한국의 거의 모든 집을 방문하였고, 7번씩 방문한 곳도 대부분이었다. 이들은 7개의 각각 색이 다른 전도지를 가지고 가가호호 방문하였는데, 7개가 모두 전달될 때까지 하였다. 한 전도자는 그가 포기하기 전까지 한 집을 100번 방문하였다고 한다. 한 교회는 자신들의 교회가 5배로 성장하게 해 달라고 기도를 하였고, 그대로 될 때를 준비하여 5배로 교회당을 확장하였다. 그리고 그들의 믿음은 그 교회당이 꽉 차게 성장한 것으로 보상을 받았다고 한다.

언더우드 박사는 또한 일본 천황의 흥미로운 선포를 우리에게 소개하였는 바, 기근과 역병이 돌던 때였다.

"큰 재난이 우리에게 닥쳐왔다. 나의 자녀들이여, 이것은 우리가 하늘과 땅의 위대한 통치자를 잊고 있기 때문이다. 하루 전에 몸을 깨끗이 하고, 산 정상에 올라 위대한 신께 예배하라."

신은 인간의 형태로 사람들 중에 오기를 원한다는 한국의 신화가 있다. 곰은 아름다운 여성으로 변하였고, 영이 그녀 속으로 들어감으로 아들을 낳았는데 단군이었고, 첫 왕이었다. 그는 그의 부친 신을 제단에서 경배하였다.

한번은 언더우드가 한 남성에게 친절을 베풀었는데, 그 남성은 보답으로 쪽 복음서를 선물로 주었다. 그는 그 복음서를 집으로 가져와 책장에 꽂았다. 하루는 조 씨가 그것을 보고 무엇인지 물었다. 그는 그것을 읽고 기독교인이 되었다. 그는 그의 집을 예배처로 만들었고, 3년 동안 그 교회는 어떤 외국 선교사나 한국 목회자 방문 없이 성장하였다. 그런데 그들은 성부와 성자와 성령의 이름으로 자신들의 몸을 씻기도 하였다. 마침내 한 선교사가 그들을 방문하였는데, 그들은 자신들이 한 일을 설명하며 잘못된 일이 아니기를 바란다고 말하기도 하였다.

우리는 피어선 박사를 인터뷰할 행운이 있었다. 우리는 그를 그의 사위집에서 만났는데, 한국의 일본인들을 위한 선교사 커티스 씨였다. 피어선은 영적 생활의 심오함을 강연하기 위하여 동방 국가들을 방문하고 있었다. 그의 서울에서의 첫 강연은 우리가 그곳에 있을 때 예정되었었는데, 의사의 권유로 강연을 할 수 없었다. 그리고 그를 대신하여 내가 강연을 하게 되었다. 피어선은 데이레스포드 운동에 관하여 깊은 관심을 가졌고, 그것의 중요성에 심오한 인상을 받았다. 그는 그것에 관한 글 하나를 「미셔너리 리뷰 오브 더 월드」지에 기고할 마음이 있다고 하였다. 이 운동을 하나님의 영의 큰 운동이라고 믿었고, 이 원칙을 미국에도 전하기 원한다고 하였다.

서울에서의 우리 마지막 일정은 언더우드의 초청으로 모인 학생연합집회에서 연설을 하는 것이었다. 서울에서의 선교사역은 매우 어렵다는 인상을 우리는 받았다. 그러나 성공적이고 기대 이상으로 진행되고 있었고, 앞으로 더 확장될 것이었다.

평양

우리가 얼마나 평양을 방문하기를 기다렸던가. 한국 대부흥운동의 중심지가 아닌가! 기차가 평양역에 도착할 때 우리가 실제로 이곳에 왔다는 사실이 믿겨지지 않았다. 또한 우리를 따뜻하게 환영하는 키가 크고 금발의 젊은 남자가 그 유명한 마펫 선교사임도 믿기지 않았다. 그러나 그가 맞았다. 우리는 곧 영하 8도의 온도에 북풍이 세차게 부는 시내로 향하였다.

시내는 역에서 제법 떨어져 있었고, 우리는 걷는 것이 좋았다. 우리가 집에 가까이 왔을 때, 인력거가 소리를 내면 우리 뒤로 오고 있었다. 아기 우는 소리가 들렸고, 인력거는 갑자기 멈추어 섰다. 마펫의 전도부인이 인력거에서 떨어지는 모습에 우리는 황급히 가까이 갔다. 그녀는 두 주간의 순회전도를 마치고 돌아오는 길이었다. 그녀는 많이 다쳤고, 우리는 그녀를 집으로 데리고 들어갔다. 그녀는 그곳에서 마펫 부인과 웰즈 박사의 치료를 받았다. 아파하였지만 심각한 부상은 아니었다.

평야에서 선교를 시작한 지 이제 20년이 되었다. 그리고 그 3년 전에 첫 회심자가 있었다. 지금은 4천 명의 세례자와 2천 명의 세례후보자 그리고 8천 명의 교인이 있고, 커다란 신학교 옆에 초등과정, 중등과정, 고등과정을 포함하는 훌륭한 교육제도가 있었다.

이 놀라운 성장의 비밀 중의 하나가 초창기부터 분명히 시작된 개인 사역의 원칙 때문이었다. 한국인 목사가 세례후보자에게 꼭 묻는 질문이 있었는데, "그리스도에게 전도한 사람이 있습니까?"이었다.

만약에 없다고 하면, 그 사람은 세례를 좀 더 기다려야 하였다. 또 다른 질문은 "이웃에게 복음을 전하였습니까?"이었다. 한국인들은 개인 사역을 세상에서 가장 자연스럽게 생각하고 있었다.

"그 외에 다른 무슨 이야기가 가치가 있겠습니까?" 한 사람은 말한다. 예수 그리스도를 통하여 그들에게 온 행복을 기쁨으로 누리는 모습이었다. 악령에 대한 두려움과 공포는 그들에게 실제적이기에, 예수를 전하므로 다른 이들도 그것에서 자유롭게 되기를 갈망하였다.

이런 방법으로 전도사역을 위하여 많은 시간을 공헌하는 습관이 자라나고 있었다. 자신의 쉬는 날을 바치거나 그것에 성과가 보이면 일하는 날까지 계속하였고, 이 말은 생활면에서 점점 가난해져 간다는 의미였다. 한국인들을 잘 아는 사람들은 그들이 그런 식으로 어떻게 살아갈까 의문이지만, 그들은 빈곤 속에서도 기쁨으로 자신의 시간과 돈을 드렸다. 작년에 한국 기독교인들은 복음을 전하기 위하여 자신들의 15만 날을 포기하였다. 이것은 물론 그들이 항상 하는 개인 전도와는 별개였다. 군중을 대상으로 하는 전도보다 자신 주위에 있는 두세 사람과 하는 대화의 시간이 더 많은 것이다. 이런 방식 그리고 성서를 판매하는 방식으로 한국에 복음이 전해지고 있다.

한국에서의 주요 성공 비밀 중 또 다른 하나의 주요 특징은 성경공부 운동이다. 이것은 네비우스 박사로부터 뿌려진 씨로 여겨졌고, 평양에서 발전되었다. 주요 내용으로는 성경의 지식은 하나님이 자신에게 주는 메시지로 기독교인들에게 철저하게 가르치는 것이었다. 기독교 지도자들은 한곳에 일이 주 동안 모여 성경 부분 부분을 세심하게 배웠다. 그리고 그들은 자신의 지역으로 돌아가 성서학원을 운영하였다. 이 지역 성서학원에서 복음을 좀 더 멀리 시골과 산골에도 전하여졌다. 성경공부와 가르침에 대한 순종은 자신들의 생활에 최우선이 되도록 훈련되었고, 만약 필요하다면 자신들의 다른 모든 일을 일시적으로 포기할 준비도 하였다.

선교사들의 추산에 따르면 7만 5천에서 10만 명의 한국인 기독교인들은 매해 2~4주 연합성경공부를 위하여 시간을 바치고 있다. 이들 중 어떤 사람들은 200-250마일을 걸어와 공부반에 참석한다. 이것은 물론 개인적인 성경공부의 추가인데, 지역의 공부반과 예배는 일 년 내내 진행되고 있었다.

여기에 무엇보다도 한국에서의 사역 성장이 놀라운 것은 아마도 선교사들에게도 그 요인이 돌아갈 것이다. 한국을 특히 평양을 방문하는 모든 선교사는 부흥운동에 관하여 배우기를 원한다. 부흥운동은 아직 진행되고 있는가? 그러기도 하고 아니기도 하다. 만약에 부흥운동의 성격을 실제로 보이는 모습으로만 여긴다면, 이미 지나갔다. 그러나 우리가 그것을 인간 영혼들의 놀라운 집합으로 생각한다면, 부흥운동은 지금 더 왕성하다. 아마 더 건강하고, 더 확장되고, 현재 더 영속적이라 할 수 있다. 백만 구령운동은 개인 사역과 복음 전도에 놀라운 기동력을 제공하였다. 이것이 큰 수확 중의 하나이다. 또 다른 수확은 복음에 대한 한국인 수십만 명의 태도 변화인데, 회심자는 아마도 수만 명에 달할 것이다.

한국에서 백만구령운동을 보면, 선교사들과 한국인들의 지치지 않는 열정과 도전적인 신앙으로 우리의 마음이 존경으로 차오른다. 그들은 기도하고 실천하였고, 그들을 통하여 하나님은 놀라운 일을 이루셨다. 그러나 이 상황을 해외교회의 입장에서 본다면 우리 마음은 수치스러움으로 차 있다. 우리도 하나님께 백만 영혼을 달라고 기도하였다. 그리고 이러한 갑작스러운 부흥은 우리가 현재 현장에서 가지고 있는 사역자 최소한 4배의 증가를 더 요청하고 있다. 우리는 그 요청에 부응하지 못하였다. 만약 하나님이 우리의 기도를 문자 그대로 들으셨다면, 한국교회에 큰 비극이 왔을 것이다. 그리고 아마 많은 해외 선교사들이 일의 압박으로 무너졌을지도 모른다.

실제로 지금도 해외 선교사들 수의 절대 부족으로 많은 기독교인들이 제대로 배우지 못하여 피상적인 신앙에 머무를 위험에 처하여 있다. 이 현실적 비극을 막기 위하여 선교 전선에 인력을 보충하여야 한다. 하나님은 하나님의 일을 하시지만, 우리가 우리의 일을 못 하고 있어 그는 우리 안에서 애태우고 계시다. 만약 우리가 한국교회의 예를 따라 백만 영혼을 위하여 기도하며 믿음과 헌신이 있다면 그리고 교회가 다섯 배로 성장하여 교인들이 충분히 모일 수 있도록 기도한다면, 하나님이 한국인들을 높이셨듯이 우리의 신앙도 높일 것이다. "너희 믿음대로 되라 하시니."

한국 기독교인들은 개인적이 사역과 성경공부 외에도 성령의 인도하심에 큰 강조점을 둔다. 자신들의 나라를 하나님께 인도하기 위하여, 성령의 인도하심 아래 자신을 맡긴다. 그러므로 그리스도는 이들을 통하여 더 위대한 일을 하시는데, 자신을 믿고 따르겠다는 사람에게 하신 약속을 이루신다. 그들 사랑의 따뜻함으로 인하여 이 여정에서 당면하는 희생은 그들에게 기쁨이자 특권이다. 모든 한국인이 이 단계는 아니지만 많은 사람의 마음속에 성령이 그리스도를 영화롭게 하고 있다. 이 남성과 여성은 보기 드문 영적인 능력의 사람들이다.

한때 버려졌던 이 나라가 동방의 위대한 영적 원천의 하나로 빠르게 성장하고 있음을 믿어 의심치 않는다. 실제 한국의 영향력은 동방을 넘어서도 나타나고 있다. 우리는 평양에서 한 미국인 여성에 관하여 들었는데, 대학교에서 믿음을 잃어버렸다고 한다. 그녀의 어머니는 그 딸이 세계 여행을 하도록 하였고, 결국 그녀는 평양의 한국 기독교 여성들을 보고 다시 그리스도에 대한 믿음을 회복하였다고 한다. 그 평양의 여성들은 예수와 같았고, 오직 살아있는 예수만이 그들의 삶을 설명할 수 있다고 깨달았기 때문이다.

오후에 우리는 평양 중심의 교회를 방문하였다. 그곳에는 예배가 진행되고 있었다. 이 교회는 원래 마펫 박사와 베어드 박사가 인도하였는데, 현재는 길선주 목사가 인도하고 있다. 선교사들은 그의 협력자이다. 선교사들은 한국교회가 견고한 자급과 자전교회로 발전할 수 있도록 그리스도와 같이 자신들을 드리는 영성을 보였다. 이 방법은 공정하였으며, 선교사와 한국교회 목사는 상호 사랑과 존경관계였다. 평양교회는 이천 명 정도가 모였고, 이곳에서 6개의 교회가 개척되어 나갔다. 이 교회들 중 몇은 선교사가 인도하고 있었는데, 교회가 한국인 목사를 청빙할 정도로 성장할 때까지만 돌보고 있었다. 엄청난 수의 교인들이 이 교회당으로 모여들었는데, 영감적인 모습이었다.

이후 우리는 얼음으로 덮힌 길과 눈으로 쌓인 집 사이를 지나 여러 교회당을 다니며 인사와 연설을 하였다. 오후 4시 평양신학교에 선교사들이 모였다. 벨포어가 '십자가의 동산'이란 제목으로 아름다운 설교를 하였다. 저녁에는 다시 평양교회에서 예배를 드렸는데, 이곳에서 내가 설교의 기회를 가진 것은 평생의 특권으로 느껴졌다. 베어드 박사가 통역을 하였다. 큰 무리의 교인은 경외심이 있었고, 설교에 귀를 기울였다. 교회 장로들은 앞 한 줄에 앉았고, 하나님의 사람, 성령의 사람, 믿음의 사람들이고, 이 나라는 이들에게 말로 할 수 없는 빚을 지고 있다. 앞에서 언급한 그 미국인 여학생이 한국인의 이 모습을 보고 신앙을 회복하였다는 것이 전혀 이상하지 않았다.

저녁 예배 후, 우리는 마펫의 서재에 모였고, 그는 하나님이 한국에서 얼마나 놀라운 일을 하셨고, 하시고 계시는지 이야기하였다. 엄청

났던 하루가 이렇게 저물어 갔다. 우리 가슴속에는 오늘의 귀한 기억이 영원히 계속될 것이다.

월요일 아침 7시 45분, 우리는 평양아카데미 개회예배에 참석하였다. 이곳은 대학과 마찬가지로 감리교와 장로교의 연합학교였다. 감리교가 학교의 건물을 제공하였고, 장로교가 대학의 건물을 제공하였다. 한편으로 신학교는 한국의 모든 장로교회의 연합신학교에 의하여 운영되었다. 한국인 교사가 찬송을 인도하였고, 다른 사람은 오르간을 연주하였다. 길란더스가 '유혹'에 대한 설교를 하였고, '예수 그리스도와 지속되는 연합'만이 승리할 수 있는 유일한 길임을 역설하였다. '누가 이와 같이 하겠느냐'는 질문이 있었을 때, 손들이 숲과 같이 올라갔다. 우리는 학생들의 모습과 원칙에 따라 운영되는 학교에 큰 인상을 받았다.

오후 1시, 우리는 대학도 방문하였고, 우리 중 한 명이 학생들에게 연설을 하고, 베어드가 통역하였다. 대학생들은 신실한 모습의 학생들이었고, 한국의 이러한 좋은 교육제도로 인한 많은 가능성을 느낄 수 있었다.

대학교에서 우리는 여학교로 갔는데, 현재의 또 다른 왕성한 임시의 기관이었다. 교실과 기숙사도 지어졌다. 평양의 선교사들은 한국식의 기숙사를 신뢰하였는 바, 가격도 저렴하였고, 언젠가 한국인들이 모든 책임을 부여받을 때 자신들의 권위 속에 잘 운영할 수 있기 때문이다. 마펫 박사는 우리에게 다른 여러 기관들도 보여주었고, 이 배움은 후에 우리가 한국에서 우리의 선교정책을 세우는 데 도움이 되었다. 이날 오후 평양을 떠나는 것에 우리는 주저하였지만, 압록강으로 가는 기차에 우리는 올랐고, 이곳을 통하여 목단과 북경으로 갈 계획이었다.

압록강에서 부산으로

우리는 자정 즈음에 영하 6도를 가리키는 신의주에 도착하였다. 살을 물어뜯는 듯한 북풍이 불었다. 여섯 명의 짐꾼들이 우리의 짐을 나르러 왔고, 안내인은 호텔 이름이 명기된 등불을 들었다. 우리가 오직 할 수 있는 것은 고개를 저으며 '안동'(단동의 옛 이름 _역자 주) 하고 외치는 것이었는데, 이곳은 압록강 건너의 마을 이름이다.

마침내 일본인 관원이 왔고, 우리는 그에게 압록강을 건너가기 원한다고 말하였다. 그는 즉시 짐꾼들을 제지하였고, 우리에게 자신을 따라오라고 하였다. 그를 따르면서 이전과 다르게 일본인이 친근하게 느껴졌다. 몇 분을 걸어 우리는 큰 강가에 다다랐다. 그 강은 기괴하고 을씨년스럽게 보였는데, 모든 방향에 얼음이 솟구쳐 작은 산을 이룬 것 같았다. 그리고 어둠 속에서 어렴풋이 건장한 사람들이 모습을 드러냈는데, 일본인 친구는 그들에게 두 개의 썰매를 요청하였다.

썰매꾼들은 우리의 짐을 썰매에 실었고, 그 짐 위에 우리더러 앉으라고 하였다. 우리는 먼저 일본 안내인에게 마음에서 우러나오는 감사를 하였고, 고생하였으므로 수고비를 주겠다고 하였다. 그는 모자를 벗으며 자신의 유니폼을 가리켰다. 그리고 돈을 거절하였다. 우리는 꾸지람을 받은 것 같았다. 그리고 우리는 썰매에 앉아 우리의 담요로 우리 자신을 감쌌다. 중국인은 거친 얼음 위에서 밧줄로 썰매를 끌다가, 얼음이 평평하여지자 우리 뒤로 올라탔다. 그리고 빠른 속도로 얼음을 지쳐 썰매를 앞으로 달리게 하였다.

춥고 섬뜩한 기분이었다. 며칠 전에 두 명의 여행자가 이곳을 지날 때 느꼈을 공포와 고통을 우리는 상상할 수 있었다. 얼음이 깨지고 그들은 물속으로 사라졌다고 한다. 이 비슷한 일이 우리에게도 생길 수 있는 가능성이 있지만, 강 반대편이 어둠 속에 보이기 시작하자 우리의 마음은 감사함으로 넘쳤다. 몇 분 후에 우리는 압록강 만주 지역 쪽 일본호텔의 큰 모닥불 주위에 서 있었다. 앤더슨은 짧은 감사기도를 하였는데, 우리의 모두의 마음 그대로였다.

몇 주 후, 우리는 다시 압록강을 건넜다. 얼음은 부드러웠으나 단단하였고, 이번에는 낮에 건넜다. 우리의 오른쪽 멀리 새 철길 다리의 기둥이 얼음 속에서 솟아난 거인같이 솟아있었는데, 아직 다리가 완성되지는 않았다. 한국 땅에 다다를 즈음 우리는 위험지역에서 벗어났다고 생각되었다. 지난 짧은 3주 동안에 압록과 목단 사이에 12명의 여행자가 사고로 사망하였다고 한다.

한국에서의 첫 도착지는 선천이었다. 로스 씨가 역에서 우리를 맞았고, 우리가 묵을 람페 씨 부부 집으로 안내하였다. 그리고 여기에서도 우리가 거하는 동안 선교사들의 친절함은 대단하였다. 이 마을은 깊은 눈에 덮여 아름답게 보였고, 언덕들도 눈에 묻혀 동그랗게 보였다. 로스 씨 집 마당에는 한 무리의 어린이들이 미끄럼을 타고 놀고 있었다. 우리 중 한 명이 사진을 찍기 위하여 마당으로 나아갔다. '찰칵' 하는 소리가 나자마자 비명소리가 들렸고, 썰매를 탄 한 아이가 사진사에게 미끄러졌는데, 다행히 다친 사람은 없었다.

맥퀸 씨가 우리에게 훌륭한 아카데미를 보여주었고, 새 기숙사와 열심 있고 지적인 한국인 학생들도 만났다. 이 학교는 학생들을 바로 대학교 반으로 보낼 수 있었고, 더 공부를 원하는 학생은 평양에서 공부를 마칠 수도 있었다. 오후에는 맥퀸 부부가 학생들을 즐겁게 하였는데, 우리는 이들의 사회생활을 엿볼 수 있었다.

건장한 한국 학생들이 국수를 먹는 모습은 설명해서는 안 될 것 같지만, 우리는 그 모습을 절대 잊지 못할 것이다. 학생들은 각각 국수 한 사발을 젓가락을 가지고 먹었다. 국수는 젓가락으로 집어 올려져 입으로 빨려 들어갔고, 사발이 빌 때까지 국수발은 끊어지지 않고 흡입되었다.

식사 후 우리를 위한 학생들의 공연이 있었다. 첫 발표는 찬송이었다. 벤조를 연주하는 학생은 다리를 저는 학생이었고, 그의 아내는 소경이었다. 그의 친구들은 이 부부를 흔치 않은 조합으로 생각하였는데, 구걸할 때 서로를 도와 좋은 결과를 낸다고 하였다. 이 학생들은 기독교인이 되었고, 이제는 일을 시작하였는데 깔개를 만들었다. 이것은 그의 구걸 친구들을 화나게 하였고, 그를 박해하였다. 그가 기도하면 그를 때렸다. 그러나 그들은 그 부부를 돌이킬 수 없었고, 그 부부는 예수 그리스도의 참 군사로 참아냈다. 그의 사랑으로 친구들을 정복할 날은 시간문제이며, 그러면 그는 그의 친구들을 전도할 것이다.

한국인들은 태생적으로 연기자들이다. 학생들은 몇 장면의 연극을 하였는데, 큰 힘이 있는 드라마였다. 첫 번째는 얼굴이 얽고, 눈을 희번덕대는 소경이었다. 그는 앉아서 암송을 하였는데, 기독교가 어떻게 한국에 들어왔는가 하는 이야기였다. 그는 자신의 얼굴 근육을 잘 통제하였고 무척 흥미로웠지만, 한국말이므로 우리는 무슨 말인지 알아들을 수 없었다.

다음 장면에는 한국인 농부와 하인이 등장하였고, 한국의 청년들을 위하여 맥큔 씨가 한 일들에 감사하였다. 그는 감사의 상징으로 과일 같은 모양의 선물을 그에게 전달하였다. 그리고 맥큔에게 그 선물의 이상한 모양을 마음에 두지 말라고 하였다.

"교장 선생님이 절대로 잊지 못할 선물입니다" 하면서 그는 한국식 인사를 과장하여 하였다. 선물이 무엇인지 드디어 드러나자 학생들은 크게 웃었다. 그것은 두 개의 호박이었는데, 이 호박을 가지고 온 시골뜨기 농부를 상징하는 것이라고 하였다. 그리고 학생들은 교가를 음정을 맞추어 힘차게 불렀다. 우리의 방문 내용을 곡의 내용에 수정하여 부르기도 하였다.

그리고 한 아버지가 바보 아들을 맥큔에게 데리고 와 그 아이를 거두어 줄 수 있는지 물었다. "교장 선생님이 이것을 어떻게 하실 수 있을지 데리고 왔습니다. 이 아이가 외국을 나가기 원하지만, 말도 잘 못합니다." 맥큔이 반대하자 아버지는 소리 내어 울었다. "만약 교장 선생님이 데리고 가지 않으면, 나는 죽어 버릴 겁니다."

그리고 한 학생이 영국인 복장을 하고 등장을 하였다. 우리나라의 간결하고 짧은 인사법을 흉내 내는 모양에 우리는 크게 즐거워하였다. 그와 함께 등장한 한 한국인은 그 영국인 복장을 한 학생에게 제대로 허리 굽혀 인사하는 방법을 가르쳐 주었다. 그리고 그 학생의 말을 통역해주었다. 이 모든 연기가 흉내 낼 수 없는 것이었는데, 우리는 한국 학생들의 생활에 관한 새로운 모습을 보았다.

또 다른 학생은 외국에서 돌아온 한국인을 연기하였다. 그는 중국인 흉내를 내며 말하였다. 길란더스 씨도 이날 공연에 공헌을 하였는데, 마오리 족의 무시무시한 전쟁 춤을 추어 학생들을 즐겁게 하였다.

'올드 랭 사인'이 일제히 학생들의 입에서 터져 나올 때 기쁜 놀라움이 있었고, '십자가의 군병'을 열정적으로 부를 때는 우리의 피를 끓어오르게 하였다.

저녁때쯤 우리는 산을 산책하였고, 돌아오는 길에 중국어를 가르치는 한국어 교사를 만났다. 그는 4마일이나 떨어진 곳에서 기도를 인도하려고 눈 속을 헤쳐 가는 길이었다. 그는 노인이었지만 복음을 전하기 위한 열정은 대단하였다.

저녁 식사 후 교회로 가는 길에 눈이 내렸다. 장로 중에 한 명이 우리에게 사과를 하였는데, 교인들이 적게 참석하였다는 것이다. 마을에 아픈 사람이 많다고도 하였다. 우리는 좋은 기회를 기대하였었는데, 실망스런 느낌이었다. 그러나 우리가 교회당 안으로 들어가자 눈보라와 병에도 불구하고 950명의 교인들이 와 있었다. 참석인원 3분의 2 정도가 남성이었다. 이 교회는 만주에 선교사를 지원하고 있었다. 마침 그곳에서 도착한 편지를 한 조사가 읽었다.

우리에게 인사의 기회가 주어졌고, 우리가 말하기 시작하자 사람들은 받아 적는 모습이었다. 기도회 후에 우리는 한 장로를 만났는 바, 그는 다른 도시에서 몇 번의 전도회를 인도하였고, 열흘 만에 4천 명의 회심자를 얻었다고 한다.

우리는 선천에서 4명의 나이 많은 여성에 관하여 들었는데, 네 명의 친구가 환자인 친구를 메고 예수님께 데리고 갔다는 설교에 이들은 큰 은혜를 받았다고 한다. 이들은 즉시 한 할머니를 생각하였고, 이 노인은 자신이 교회 나오는 것을 거부할 뿐만 아니라 자신의 딸들이 믿는 것도 막고 있었다. 다음 주일 이들은 그 할머니 집을 방문하여 강제로 그녀를 교회 문 앞까지 데리고 나왔다. 그리고 거기에서 그치지 않고 그녀를 교회당 안 맨 앞까지 들어 옮기었다. 점차적으로 그녀는 예수의 이야기를 들을 수 있었고, 그녀의 거부는 관심으로 바뀌었고, 결국 신자가 되었다고 한다.

선천에서 우리는 기차를 타고 한국의 두 번째 도시인 송도로 갔다. 그곳에는 6만 명 정도의 인구가 있었다. 이곳은 감리회 선교의 중심 선교지 중에 하나인데 원산 그리고 서울과 함께 총 백만 명의 인구가 있었다. 송도의 선교부지는 72에이커나 되었고, 리드 박사의 훌륭한 병원과 두 개의 학교도 포함이 되고 있었다. 이 새 병원은 아이비 씨의 선물이었다. 송도의 건물들은 매우 견고하게 지어졌다는 인상을 주었는데, 이 도시 뒤에 있는 산에서 나는 화강암을 사용하였기 때문이었다.

송도는 윤치호의 고향이고, 그는 애국자이자 학자이다. 윤 씨는 한국 정부에서 중요한 역할을 맡았는데 외무부와 교육부에서 그리고 제물포와 서울에서도 중요 직책을 맡았다. 그는 일본어, 중국어, 영어를 능통하게 하였고, 위대한 교육가이다. 일본 정부는 그를 끌어들이기 위하여 많은 자리를 제안하였지만, 그는 한국을 위하여 자신이 할 일은 선교부의 교육사업에 헌신하는 것이라고 믿어 송도의 남학교를 운영하였다. 한국을 그리스도께 인도하기 위하여 그는 자신의 인생을 전폭적으로 투자하고 있었다. 그는 동방의 위대한 인물이 될 것이다. 우리가 송도를 방문하였을 때 윤치호는 서울로 출장을 가고 없어 매우 실망하였다. 아비슨 박사에게 우리는 전보를 보내 서울에서 윤 씨를 만나 인터뷰를 할 수 있을지 문의하였다.

그곳 병원 진찰실에서 우리는 매우 흥미로운 시간을 보냈다. 환자들은 대기실에 있었고, 병원의 전도원은 환자 한 명 한 명을 만나고 있었다. 한국인 의과 학생은 환자들을 한 명씩 진찰실로 보내었고, 또 다른 학생은 의사 옆에서 조수 역할을 하고 있었다. 첫 번째 환자는 8년 동안이나 기침을 해 온 사람이었다. 두 번째 환자는 위궤양 환자였다. 의사는 처방뿐만 아니라 예수에 관하여서도 친절하게 이야기하였고 치료를 위하여 병동에 입원시켰다.

세 번째 환자는 그의 아픈 아내를 위하여 10마일을 걸어왔는데 '그녀의 가슴은 무겁고 두근거리며, 숯덩어리가 속에 있는 것 같아 답답하다'고 설명하였다. 긴 상담을 통하여 여러 증상이 있음을 알아냈는데, 오랜 '심장 병변과 이질을 동반한 심한 통증'으로 진단받았다.

　네 번째 환자는 아이를 데리고 온 아버지인데 열흘 정도 큰 아기로 보였다. 의사는 조심스럽게 진찰을 하였고, 아기의 혀가 말려들어가는 증상이 있었다. 자지러지게 우는 아이로 인하여 진료는 잠시 멈추었다. 그리고 다섯 번째 환자가 들어왔다. 아프고 억눌리고 고통당하는 자를 위한 의료선교 사역은 그의 주인 이름과 영성으로 진행되고 있었고, 바쁜 진찰실의 시간은 빠르게 지나갔다.

　송도에서 우리는 서울로 떠나왔고, 이곳에서는 아비슨 박사 부부 집에 머물렀다. 윤치호가 우리를 기다리고 있다는 사실에 매우 기뻤고, 한국의 교육문제에 대하여 우리는 그와 긴 대화를 나누었다. 다음 날 아침 우리는 부산진으로 가는 기차를 탔다. 저녁에 우리는 그곳에 도착하여 선교사들의 마중을 받았다. 그중에는 호주에서 막 도착한 왓슨 목사도 있었다.

한국 방문의 성과

우리는 이제 두 주 동안의 한국 방문 마지막 날에 이르렀다. 한국의 다른 지역과 중국 북쪽 지방의 방문은 우리 선교사들이 한국 남쪽에서 당면하고 있는 복잡한 문제와 어려움을 이해할 수 있도록 도와주었다. 경상남도에서 우리 선교사역의 성공이 놀라운 만큼, 곧 더 넓고 깊은 운동이 일어날 것을 우리는 모두 예감하고 있었다. 우리가 북쪽에서 보았던 열매처럼 교회 안에는 대영성부흥이 무르익은 것처럼 보였다.

한국의 호주선교사 공의회가 열리기 직전에 우리 선교사들은 나흘 간의 수련회를 부산진에서 가졌는데, 자신들과 자신들이 전도한 사람들의 영적 충만을 더하기 위함이었다. 이 수련회는 1월 4일 시작되어 1월 7일 마치었다. 우리의 선교사 모두가 참석을 하였고, 장티푸스에서 막 회복되는 라이얼 부인과 그녀와 함께 있는 커를 부인만 제외되었다.

주요 주제로는 성경공부 시리즈와 동기, 기도, 성령 그리고 헌신에 대한 토론이었다. 다른 주제들도 공유되었는 바 선교학, 남성의 어려움, 여성의 어려움, 학생운동, 평신도선교운동, 세계선교 등이었다. 많은 기도와 깊은 자기 성찰의 시간이었다. 매우 조용하게 그러나 능력 있게 성령은 우리 안에 역사하셨고, 우리가 그를 위하여 우리 인생을 재헌신하면서 예수 안에서 새 비전을 보았다. 우리가 성찬식을 위하여 함께 앉자, 그리스도는 더 가까이 느껴졌다. 그의 사랑과 연합의 영이 우리의 가슴을 채웠다.

이 수련회의 결과를 인간의 언어로 측정하지 못한다. 그러나 예수 그리스도를 향한 좀 더 진실하고 부드러운 헌신의 생활과 그의 나라 확장을 위하여 실천으로 보여야 한다. 하나님께서 자신의 영의 능력을 놀랍게 발현하신 후로 그것을 사모하던 우리의 인생은 더 이상 같을 수 없다.

수련회 후에 호주선교사 공의회가 개최되었다. 주요 안건으로는 확실하고 완성된 선교정책을 세우는 일이었다. 우리가 책임 맡고 있는 지역에 공정한 인원배치와, 그들을 지원할 수 있는 재정 확보의 때가 우리에게 온 것이다. 많은 기도가 있었던 것처럼 많은 토론도 있었다. 그리고 점차적으로 선교정책이 드러났다. 이 선교정책이 이후에 총회의 안건으로 상정되었고, 약간의 수정 후에 통과되게 된다.

선교정책의 자세 사항은 다른 안내서에 소개되므로, 여기에는 다음의 선교사 인원 충원이 포함되었다는 것만 밝힌다.

1) 8명의 새 목사 선교사
2) 1명의 새 의료 선교사
3) 1명의 새 교육 선교사
4) 6명의 새 여성 선교사
5) 여 초등학교를 위한 2명의 선교사
6) 여학생과 남학생 중등학교를 위한 2명의 선교사

이 정책은 교회의 신앙을 깜짝 놀라게 할 만큼 큰 내용이지만, 우리가 할 수 있는 능력 안에 있다. 우리의 모든 선교부는 이것을 위하여 매일 기도하고 있고, 하나님의 뜻에 합당하다면 교회는 자세한 내용까지 실행에 옮길 것이다.

한국에서 우리의 마지막 예배는 한국인 성도들과의 성찬예배였다.

이 놀라운 사람들 중에서의 행복한 여행은 깊은 인상을 남기고 마치고 있다.

　다음 날 1월 16일 월요일, 우리는 일본으로 향하는 배에 올랐고, 일본에서 발전되는 선교사들의 교육사역을 알아 볼 계획이었다. 부산진과 부산의 선교사들이 우리를 환송하기 위하여 나왔고, 한국인 동역자와 학생들도 함께하였다. 안녕을 말하기는 쉽지 않았지만, '우리 다시 만날 때까지 하나님이 함께 계셔' 찬송가를 하나 된 마음으로 불렀다. 그리고 우리의 일생 특별한 애정과 친근함으로 한국인을 위하여 기도할 것이다.

2장

호주의
한국 선교 정책

❧❧❧❧❧❧

프랭크 페이튼
(호주 빅토리아장로교회 해외선교부 총무)

Our Mission Policy in Korea

Frank H. L. Paton

The Missionary Chronicle

May 1, 1911, 6.

호주의 한국 선교 정책

동방을 방문한 우리 위원회의 방문결과 중 하나는 한국 호주선교사 공의회와 한국 선교를 위한 선교 정책을 세우는 일이었다. 어려운 환경 속에서 일하는 우리 선교사의 수는 여러 지역에서 제기되는 놀라운 기회들을 다 대응하기에는 역부족이다. 그리고 선교사들의 에너지가 광범위한 선교지로 흩어져, 특별한 거점을 발전시키기도 불가능하다. 선교 지원에 관해서도 우리가 그곳에서 방문한 다른 책임 있는 선교부들보다 많이 뒤쳐져 있다. 우리 선교사들은 그러므로 다른 선교사들보다 선교지에서 더 큰 어려움에 직면하여 있다.

다음은 우리 선교사들이 우리에게 제안하는 정책 요약이다.

1. 전도

오늘날 한국에서의 가장 큰 필요한 것은 한국의 전도운동을 지도할 수 있는 목사의 사역임에 이의가 없다. 빠른 속도로 증가하는 교회를 지도하고, 지도자를 훈련하고 그리고 신앙생활을 위한 자료를 만들어낼 수 있도록 인원을 즉시 파송하는 것이 절대적으로 요청된다.

선교사를 가장 효과적으로 배속하기 위해서는 진주의 북서쪽 거창에 새 선교부가 개원되어야 한다. 이것으로 우리는 한국에서 네 개의 주요 선교부를 운영할 수 있게 된 것인데 부산진, 마산포, 진주, 그리고 거창이다. 우리가 효과적으로 이 지역을 선교하려면 14명의 목사 선교사가 필요하고 다음과 같이 나눌 수 있다. 부산진에 3명, 마산포

에 4명, 진주에 5명, 거창에 2명이나 1명, 즉 한국인 7만 명에 목사선
교사 1명씩이다.

2. 의료

1) 의료선교는 기념병원이 세워진 진주에 집중되어야 한다.
2) 커를 박사의 동료로 두 번째 의료선교사가 파송되어야 하며, 서
  울의 세브란스 의과대학에서 학생들을 훈련시키는 일에도 동참
  하여야 한다.
3) 완전히 훈련된 간호선교사도 파송되어야 한다.

3. 교육

1) 초등학교
a. 한국의 교회가 소년들을 위한 초등학교를 운영하여야 한다. 만
  약 필요하면 선교회에서 잠정 지원할 수 있다.
b. 각 선교사들이 거주하는 선교부에 여성 선교사가 감독할 수 있
  는 여자 초등학교가 세워져야 한다.
c. 이 학교에는 40명 정도를 수용할 수 있는 기숙사가 있어야 하며,
  학교와 기숙사 건축과 설비비용은 350파운드를 초과하지 말아야
  한다.
d. 기숙사의 학생들은 기숙사비를 지불해야 한다.

2) 중등학교
a. 선교회는 두 개의 충분히 준비된 중등학교를 운영해야 하는데,

하나는 남학생, 또 하나는 여학생을 위한 것이다.

b. 나아가서 한 명의 남성, 두 명의 여성 교사가 요청된다.

c. 학교는 진주에 두어야 한다.

d. 중등학교의 건축과 설비는 각 1,000파운드를 초과하지 말아야 한다.

e. 이 학교의 연 운영비용은 여학교는 131파운드 5실링, 남학교는 200파운드 15실링이다.

3) 유치원

일본에서의 유치원 사역이 가장 효과적인 전도수단 중 하나이다. 유치원 사역은 우리 교육 사역과 연계되어 실행되어야 한다.

4. 신학

1) 선교회는 평양 유니온신학교의 타 장로교 선교회와 협력을 계속 하여야 한다.

2) 선교회는 평양의 신학교 학생들을 위한 기숙사를 세우고 운영해 야 한다.

5. 일반

1) 선교회의 미션스쿨은 우선적으로 기독교인을 위한 것이며, 그 러나 자리가 있을 경우 적은 수의 다른 학생들도 입학할 수 있다.

2) 모든 학교를 가능한 자급하도록 하는 것이 선교회의 정책이다.

3) 앞으로 몇 년 동안 건물을 감독할 수 있는 사람을 호주에서 보내

기보다, 현지에서 적절한 사람을 확보한다면 시간과 돈을 절약하는 것이다.

6. 재정

이 정책은 최소한 8명의 새 목사선교사, 한 명의 새 의료선교사, 한 명의 새 교육선교사 그리고 6명의 새 여선교사 지원을 필요로 한다.

연 지출은 그러므로 남성 쪽은 3,500파운드, 여성 쪽은 1,300파운드 증가하게 된다.

건축을 위한 일차적인 경비 산출은 남성 쪽은 6,200파운드, 여성 쪽은 3,260파운드이다. 이것은 큰 규모처럼 보이지만 우리 교회의 각 세례교인이 1파운드씩만 공헌한다면 전체를 충당하고도 남는다.

이 운동의 뒤에는 하나님의 위대한 목표가 있는 바, 비용이 무서워 우리가 포기한다면 한국을 복음화하는 말로 다할 수 없는 특권을 나누기에 우리 교회는 가치가 없는 것이라는 느낌이 있다. 이런 태도는 영적인 능력을 상실하는 결과를 가지고 올 것인데, 반면에 이 과제를 용감하게 받아들이고 신실하게 성취한다면 우리 교회 안에도 새로운 능력이 솟을 것이다. 우리에게 주어진 사역을 효과적으로 실천하기 위하여 교회가 수용할 수 있는 최소한의 요청으로 이 정책이 시발되었다.

"십자가는 현장에 있다."

십자가를 지기 두려워 우리는 물러설 것인가. 아니면 절대 후퇴함이 없는 그리스도를 따라 전선으로 나아가 다친 사람들을 만날 것인가. 여기에 대한 답은 분명히 하나밖에 없다.

3장

동방의 별들
— 한국 방문의 인상

❧❧❧

헨리 매튜
(호주 빅토리아장로교회 해외선교부 총무)

이 글은 1925년부터 1939년까지 호주 빅토리아장로교회 해외선교부 총무였던 헨리 매튜 목사가 1928년 9월부터 11월까지 부인과 함께 한국을 방문하고 쓴 보고서의 일부이다. 이들은 대한예수교장로회 제17차 총회에 소개되어 인사하기도 하였다. 전반적인 한국 역사나 문화에 대한 인상은 생략하였고, 호주선교부와 관련되는 내용만 여기에 수록하였다.

매튜는 호주에 돌아와 선교정책을 보강하였는 바, 선교인력 보충, 한국인 순회전도 목사 선교비 지원, 농촌운동을 위한 선교사 파송, 순회전도 선교사 자동차 보급 그리고 한국인 지도자 호주초청 훈련 등을 지원하였다. _역자 주

Stars in the East:

Impression from a Visit to Korea

　　　H.C. & A.M. Matthew

　　　Melbourne: Brown, Prior. & CO. PTY. LTD.

　　　1929

서문

한국을 방문하였던 바쁘고 조각난 날들의 인상을 하나로 묶었다. 이것으로 그곳 사람들과 우리가 그들과 가깝게 함께하는 사역을 이해 하기에는 매우 불충분하다.

그러나 희망하는 것은 이 내용으로 인하여 한국을 방문하는 사람 들이 더 생겨나고, 그 땅의 아름다움을 스스로 보고, 그 사람들의 매력 과 친절을 경험하고, 무엇보다도 자신의 선교사들을 통하여 하나님께 서 무슨 일을 하시는지 볼 수 있기를 바란다.

신발 한 켤레

한국에서 짚신은 이제 유행이 지났다. 장날이면 짚신을 살 수 있었던 때가 있었고, 값은 쌌지만 돈을 벌 수 있는 물품이었다. 수확이 끝나면 절약하는 농부들은 볏짚으로 아직 자신의 신발을 만든다. 그러나 짚신은 금방 닳아버리기 때문에, 먼 거리를 떠나자면 여별을 챙겨가야 하였다. 얼마나 먼 길을 가는지는 '몇 리'로 측정하는 것이 아니라, 짚신 몇 켤레를 사용하였느냐가 말해주었다.

시골길을 가노라면 닳아서 버려진 짚신들을 아직 볼 수 있다. 짐꾼들이 벗어버리고, 새것으로 갈아 신은 것이다.

만약 당신이 정말 유행을 탄다면 일본인들이 만든 두꺼운 고무신이나 서양인들의 가죽 부츠를 신어야 한다. 고무신이 이제는 짚신을 거의 대체하고 있다. 고무신은 쉽게 신고 벗을 수 있으며, 한국의 집이나 학교 혹은 교회에서 신을 신고 들어가는 사람은 아무도 없다.

우리는 우리 선교부의 유치원 '신발 벗기 계단'에 있다. 입구 신발장에 작은 고무신들이 줄지어 몇 줄씩 있다. 나중에 아이들이 자기 신을 어떻게 찾을지 우리에게는 미스터리다!

유치원 안에는 검은 머리와 검은 눈을 가진 교사가 같은 모습의 어린이들에게 새 노래를 가르치거나, 자신들의 방법으로 성경 이야기를 들려주거나, 매일의 이야기를 해 주고 있다. 그리고 아이들은 노래하고, 암송하고, 율동을 하기 위하여 자기 자신의 순서를 애달프게 기다리고 있었다.

놀이 시간에는 공놀이, 그네타기, 미끄럼타기 등을 즐겼다. 집에서는 어머니들도 새 찬송과 노래, 혹은 기도를 배우는데, 자신의 아이가 집에 와 반복하기 때문이다.

이제 우리는 한 초등학교의 '신발 벗기 계단'에 있다. 입구에 150개 이상의 고무신이 있다. 우리는 신발을 벗고, 양말을 신은 채 건물 안으로 들어갔다. 학교장인 우리 선교사의 말이 있자, 학생들이 일어났다. 하얀 블라우스와 검은 치마에 머리를 묶은 학생들이 우리 방문자에게 인사를 하였다. 한국인 교사도 함께 하였다. 그중에 한 명이 성경을 가르쳤는데, 선교부 학교 출신이었고, 지금은 가정을 가지고 있다. 그녀는 이미 새벽 기도를 다녀와 집안일을 마치고, 자신의 아이들을 시어머니께 맡기고, 성경을 가르치기 위하여 학교에 출근한 것이다. "그녀의 눈은 침묵기도의 집이다." 그리고 그녀의 영향은 학생들의 생활에 스며들고 있었다.

활동 시간에는 뜀뛰기나 달리기를 하였고, 아이들은 자유롭고, 열정적이고, 기쁘게 배우며 놀았다. 이 학교나 주일학교에서 그리스도를 만난 아이들은 공부 후에 모여 자신의 어머니를 위하여 기도하였다. 부모는 아직 빛을 모르고 어둠 속에 살고 있기 때문이다.

진주시의 한 작은 한국인 집이 막 무너졌다. 이곳은 1907년 호주빅토리아교회가 첫 의사를 보내 시약소를 개원한 곳이다. 이 집 뒤에는 그 의사의 아내가 시작한 학교가 있다. 이 도시의 첫 여학교였다. 진주는 600년이 된 도시이다! 당시에는 여성이나 소녀들이 낮에 다니는 것이 안전하지 못하였다. 남성들이 일을 마치고 돌아와 있으면, 그제야 여인들은 조용히 길을 나서 아무도 없는 거리에서 장을 보았다. 그리고 해가 지고 어둠이 내리면, 5명의 소녀들은 좁은 골목길을 지나 한한국인 교사가 기다리고 있는 작은 방으로 들어왔다.

현재 진주의 이 미션스쿨에는 150명의 학생이 있다. 우리 선교사들의 신실한 사역의 기념물처럼 학교가 서 있고, 한국인을 위한 한 여성의 헌신으로 성장한 것이다.

'시원'학교는 좋은 교실들이 있는 큰 건물과 운동장이 있는데, 진주에서 오랫동안 선교를 한 스콜스가 남긴 돈으로 세워진 건물이다. '시'는 한국인이 그녀를 부른 한자 이름이고, '원'은 정원이란 뜻이다. 그러므로 학교는 정말 '넬리 스콜스'의 정원이다. 그리고 그 정원의 꽃은 아이들이다.

10월의 맑은 어느 날 아침, 학생들이 아침 기도회로 모였을 때, 우리는 학교를 방문하여 학생들에게 말하였다. 학생들은 우리 외국인의 목소리를 듣자마자, 앞줄에 앉은 작은 학생들의 재미있다는 듯한 작은 소동이 있었다. 이 학생들은 영어를 처음 들었고, 이들에게 영어는 '새가 지저귀는 것' 같았다.

직원들이 매일 아침 모여 기도하는 사무실에서 학교 활동의 영성을 간파할 수 있었는데, 이들의 제일 되는 목표는 학교를 전도사역의 중심지로 만들어 학생들이 예수 그리스도를 알게 하는 것이다. 평양의 신학교를 졸업한 수교사인 정석록 선생은 학생들을 위하여 열정적이고 헌신적이었다. 그는 학교가 교사들에게 전도와 신앙 양육의 기회를 준다고 철저히 믿고 있었다.

일본 정부의 교육은 세속적이었고, 정부 학교 상급반에 입학하기는 점점 어려워지고 있었다. 미션 스쿨에 오는 학생들은 대부분 기독교 가정에서 왔고, 믿지 않는 부모도 자신들의 아이를 보내며 기독교를 칭찬하거나 그 '열매'를 좋아하였다.

학생들 중의 일부는 자신들의 학비와 기숙사비를 버는데, 공부 후에 작은 작업을 하여 스스로 도울 수 있는 제도가 있었다. 졸업생 중에는 전도부인으로 훈련을 받기도 하였고, 몇 학생은 선교 병원에서 훈련을 받고 간호사가 되기도 하였다.

매해 초에는 일본 정부가 훌륭한 학업이나 행실을 보인 학교에 상을 주고 있는데, 1928년 진주초등학교도 이 상을 받았다. 미션 스쿨이 정부로부터 특별한 상과 인정을 받은 것은 처음이었다.

우리 미션 스쿨의 소녀들이 장차 한국이 기독교 국가가 되는데 큰 부분을 차지할 것임을 상상해 볼 수 있다. 몇 년 전에 세간의 눈을 피해 가마에 실려 우리 학교에 온 한 아이가 있었다. 지금 그녀는 매력적이고 문화적인 크리스천 숙녀가 되었고, 서울의 YWCA 지도자 중 한 명이 되었다. 기독교는 세속주의 힘을 빠르게 무너뜨리고 있었다.

동래의 여중학교 체육대회 날이다. 몇 년 전만 해도 한국에는 이런 행사가 없었다. 그리고 신발도 신었다! 달리기, 농구, 테니스, 공 던지기 등이 있기 때문이다. 참가자들은 이기기 위하여 열성을 다하였고, 한편이 지면 야유와 머리카락을 당기며 싸우는 일도 없었다. 얼마 전까지만 해도 이런 일이 일어났다. 패자는 승자에게 박수를 보냈는데, 이들은 운동의 정신을 배우고 있었다.

구경꾼들은 울타리에 서서 흥미롭게 구경을 하였는데, 어떤 사람들은 몇 마일이나 떨어진 부산에서 왔다. 새로운 장면을 보기 위해 온 것이다. 구경꾼 중 많은 사람은 어머니들이었는데, 자신의 딸이 운동하는 모습을 보며 같이 즐거워하였다. 그리고 일본 정부도 미션 스쿨을 주시하고 있었고, 한국의 모든 학교는 요사이 깨끗하고 건강한 체육활동을 소개하고 있다. 그 결과는 좀 더 건강하고 깨어있는 육신과 마음이었다.

여학생들은 성장하고 있었고, 여학생이나 남학생들은 싸우는 방법이나 참 스포츠정신으로 이기는 것을 배우고 있었다. 그러나 한국의 모든 학교는 학교 갈 나이의 아이들 4분의 1만 수용할 수 있다.

주일, 어둡고 추운 밤이었다. 6만 명의 인구가 있는 이 도시의 교회당 전깃불이 들어왔다. 우리는 일찍 왔지만 교인들은 더 일찍 모여 있었다. 우리는 신을 벗고 들어가 뒤쪽으로 갔다. 뒤쪽 줄에는 앉을 수가 없었는데, 이미 자리가 다 찼기 때문이다. 우리는 적당한 곳에 교인들과 함께 바닥에 앉았고, 예배가 시작되기 전까지 찬송을 불렀다. 우리 앞 왼편은 여성들과 소녀들로 꽉 찼는데, 200명 이상이었다. 어떤 여성들은 아기를 업고 있었다.

열린 문 가까이의 불은 깜박였고, 하얀 옷을 입은 남성이 일본인의 종이등을 들고 들어왔다. 어둠 속 좁고 돌이 많은 길을 지나온 것이다. 그는 고무신을 벗고, 등의 불을 입으로 불어 끄고, 신과 등을 문 안에 두었다. 그리고 조용히 바닥에 앉아 두 손으로 얼굴을 감싸고 기도를 하였다. 우리 모두에게 이곳은 거룩한 땅이었다.

그 목사는 교회를 둘러보더니 실망하는 표정이었다. 참석한 250명 정도의 교인 중에 30명 정도만 남성과 소년이었기 때문이다. 이곳에는 남학교가 없었고, 남선교사도 한 명밖에 없었다. 다음 날 그 목사는 우리 방문객들에게 다음과 같이 호소하였다.

"어린이가 아버지를 보듯이, 우리는 호주의 당신들을 보고 있습니다. 이스라엘 장막의 남성들이 다윗을 보듯이 말입니다. 당신들은 우리에게 샘물과 같습니다. 남성 선교사들을 더 보내주세요. 이곳 여성 사역은 왕성합니다. 그러나 남성 선교사는 단 한 명뿐입니다. 교회에서도 남성 목회는 어려움을 겪고 있습니다. 우리가 성장하려면, 여러분들이 우리를 도와야 합니다."

안수복

수복이의 어머니는 또 결혼하였다. 새 아버지는 자신의 집에 팔에 장애가 있는 딸을 원치 않았다. 장애가 있는 아이에게 한국인들이 말하듯이 '쓸모없어' 하였다. 그들은 멀리 가서 작은 수복이를 버리고 갔다. 그녀가 어떻게 되던 상관없었다. 어차피 쓸모없지 않은가.

우리 선교사는 어머니에게 버려진 아이에 대한 이야기를 들었다. 그리고 선교구조위원회는 그 아이를 돌보겠다고 약속한 한 여성에게 맡기었다. 그러나 그 집의 남성은 아내가 있음에도 수복이와 결혼할 생각을 하였다. 결국 그 집은 포기하였고, 다른 집에 맡겨졌다. 이 집에서 수복이는 열심히 일하였고, 집주인은 그녀를 키우는 대가로 매달 돈을 받았다. 그러나 이 집도 안전하지 않게 되자 그녀는 다시 옮겨야 했는데, 이번엔 어디로 가야 할까. 버려진 아이들을 위한 집은 한국에 없다. 설사 있더라도 장애가 있는 아이에게 열려진 정부 기관은 없었다.

통영선교부의 언덕 위에는 소녀들을 위한 산업학교가 있다. 이곳에서 소녀, 젊은 여성 그리고 젊은 과부들은 아침에 공부를 하고, 오후와 저녁에는 바느질을 하여 자신들의 학비와 기숙사비를 내었다. 이들의 교차 바느질과 자수는 수준급이었다. 왼팔에 장애가 있는 소녀를 이곳에 보내면 어떤 가치가 있을까? 수복이를 어디로 보내야 할까?

"우리는 수복이를 산업학교로 보낼 것입니다."

구조위원회는 말하였다. 결국 수복이는 자신이 있을 곳을 찾았고,

교육을 받았으며, 밥과 국을 요리하는 것을 배웠다. 선교부 안에서 그녀는 안전하였다. 다른 아이들도 있었는데, 사회에서는 '쓸모없는' 아이들이었다. 남편에 의하여 버려진 아내, 사고로 한쪽 다리를 잃은 소녀 등이 이곳에서 피난처를 찾았다. 다른 과부들도 더 이상 가정에서 원치 않는 여성들이었다. 한 여성은 아이가 없었는데, 그녀의 남편에 의하여 무시당하다가 버려졌다.

통영의 산업학교에서 이들은 모두 행복하였다. 이곳에서는 '쓸모'가 있었고, 스스로 자신들을 돌볼 수 있었다. 그러나 수복이는 장애가 있어 다른 이에게 자신의 삶을 의지해야 하였다. 그녀는 친구들을 사귀었고, 무엇보다도 선교사를 통하여 최고의 친구 그리스도를 사랑하는 방법을 배웠다.

하루는 한 여성이 수복이에게 자수를 가르쳐주려고 하였다. 가르치는 것을 허락해 달라고 간구하였다. 수복이는 한국의 대부분 소녀들처럼 이미 바느질을 조금 할 수 있었지만, 이것은 달랐다. 그녀는 꼬인 팔로 과연 자수를 배울 수 있을까? 그녀는 섬세한 면과 비단실을 바늘귀에 꿸 수 있을까?

산업학교 교장인 선교사는 수복이를 가르치도록 허락하였고, 한 여성은 가르치고, 한 여성은 배운 것을 실습하고, 두 여성의 인내는 놀라웠다.

마침내 수복이는 자신이 만든 자수로 8엔 수입을 얻는 날이 왔다. 그리고 그 돈으로 그녀는 자신의 학비와 기숙사비 한 달 치를 낼 수 있었다. 그녀가 돈을 받았을 때 그녀의 얼굴에는 미소가 피어올랐고, 그것이 그녀를 변화시켰다. 생애 첫 번째로 그녀는 다른 이에게 의지하지 않아도 되었다. 이제는 새 위상과 자긍심을 가지고 살 수 있게 된 것이다.

수복이는 지금도 통영의 산업학교에 있다. 다른 학생들만큼 훌륭한 자수 물품을 생산하지는 못해도, 다른 친구들의 수예품과 함께 멜버른의 산업 매대에 보내지고 있다.

통영의 학교에 다른 소녀들과 기혼 여성들은 어떠한가? 어떤 학생은 자신들의 가족에 의하여 쫓겨나서 얼굴과 몸에 고생의 흔적이 역력하고, 다른 이의 눈에는 가치가 없는 것처럼 느껴졌다. 이들이 학교에서 5년을 지낸 후, 자신들의 한계에도 불구하고 사회에서 무언가 유용한 일을 할 수 있게 되었다는데 기쁘고 감사하며 나갔다.

인생이 변화되었는데, 그리스도께서 생명을 풍성하게 한 것이다. 어떤 이는 교사로 어떤 이는 전도부인으로 훈련을 받았고, 어떤 여성들은 기독교 집안으로 시집을 갔다.

오래된 교인 한 무리는 주일에 4~5마일 떨어진 시골마을로 간다. 그곳에서 그들은 안 믿는 가정의 아이들을 모아 주일학교를 하였다. 처음에 부모들은 의심하여 주일학교로 사용할 방을 내어주지 않았다. 그래서 교사들은 바닷가 야외에서 시작하였다. 아이들은 모여들어 교사의 이야기를 들었고, 후에는 부모들도 둘러서 전에는 듣지 못하였던 새 이야기를 듣기 시작하였다.

산업학교에서 20~30명의 소녀들이 교육을 받기 시작하였고, 예수의 친구들로부터 돌봄을 받았고 자신들도 예수의 친구가 되었다. 천천히 그러나 확실히 이들의 마음속에서 변화가 일어난 것이다. 하나님은 이들을 구원하시려고 아들을 세상에 보낸 것이다. 이 가치의 진실이 이방인들의 마을에도 조금씩 알려지기 시작한 것이다. 새로운 사회의식이 생겨나고, 새로운 공론이 형성되었다. 자신들이 무시하던 여성들이 공동체의 중요한 자산이 된 것이다. 자신의 부모를 돕기 위하여 팔려나갔던 소녀들, 무희로 훈련받던 소녀들이 지금은 교육을 받고 자신들을 돌볼 수 있게 된 것이다.

이 나라에서 여성들의 위치가 점차로 변하고 있다. 다른 나라에서처럼 한국에도 예수 그리스도의 영이 역사하고 있다. 그는 여성들의 은사와 능력을 이용하여 복음을 퍼트리고 있다.

1,900년 전, 하나님이 자신을 한 인종의 아이로 오셨을 때 인류 역사에 어떤 변화를 가져왔는가? 하나님은 지금도 한 인종의 어린이들을 통하여 말씀하신다. 동방에 어떤 변화가 올 것인가?

그리스도를 위한 대사

외국인을 처음 볼 때 한국인의 마음에는 무슨 생각이 들까? 외국인의 이상한 모습과 옷을 보고 무슨 생각을 하며, 그들이 온 더 넓은 세상에 관하여 어떤 상상을 할까? 그 외국인이 또 선교사일 때는 무엇을 다르게 볼까. 선교사의 모습은 점차로 사라져야 하고, 처음에는 희미하고 불분명하지만 선교사가 전하는 다른 이, 정말 참된 친구를 만나야 한다.

우리는 농부의 마을로 들어갔다. 강 옆의 마을인데 뒤로는 산으로 둘러싸여 있었다. 풍요한 전답도 있었고, 인구도 많았다. 신자들의 모임도 왕성하였다. 집들 사이에 작은 교회당이 박혀 있었는데, 마치 사람들의 생활과 함께 하겠다는 모습이었다. 이 작은 교회당은 믿음의 집이었다. 깨끗하고 잘 관리된 하나님의 집이었다.

우리가 이 교회당에 들어섰을 때, 열심인 신자들의 무리가 들어 차 있었으며, 우리는 조심스럽게 들어가 우리의 자리를 찾아 앉았다. 소년 소녀들도 거의 50명이 앞에 앉아 있었다. 그들은 마치 이 집의 가치와 기쁨을 아는 듯하였다. 예배 중에도 이들의 역할이 있었는데, 그들은 특송과 암송을 하였고, 즐거움으로 해내었다.

우리는 호주교회의 안부를 전하였고, 복음의 메시지를 전하였다. 열려진 창문 밖과 문 뒤에는 믿지 않는 이들이 구경을 하고 있었다. 그들은 호기심으로 보고 들었다. 그리고 장로 한 명이 구경꾼들에게 그리스도를 위하여 결단하기를 설교하고 재촉하였다. 이날 밤 두 명의 남성이 그리스도를 믿기로 하였고, 기쁨과 희망으로 차 있었다.

어둠 속으로 교인들은 흩어졌고, 이런 은혜로운 친교와 하나님의 능력 속에 함께 하였다는 특권으로 우리도 경외감으로 돌아왔다. 농부의 집 옆에 붙은 작은 방에서 우리는 밤늦게까지 이야기하였다. 선교사들의 방문을 계기로 교회의 지도자들은 이 기회를 가졌는데, 너무 짧았고, 그러나 대단히 많이 참석하였던 것이다.

새벽녘에 우리는 익숙한 찬송을 들으며 깨어났다. '거룩 거룩 거룩 전능하신 주님', 농부는 하루 일과를 시작하기 전에 자신의 가족과 예배를 시작하였다. 그리고 성경을 읽고 기도를 하였다. 자신의 남녀 선교사들을 통하여 그리스도는 한국을 이렇게 새롭게 변화시키고 있었다.

영국이나 미국에서보다 우리는 왜 한국에서 그리스도의 임재를 더 가깝고 빨리 깨닫는 것일까? 한국은 전체적으로 이방국가이다. 한국에 그리스도가 현존하는 것은 확실하다. 그는 조용하고, 예의바르고, 구하고 있는, 그러나 산만하고 도움이 필요한 한국인과 함께하고 있다. 남녀 선교사들이 자신의 이름으로 그들에게 가기를 기다리고 계신다.

우리 한국 방문자들은 이 땅에 그리스도가 계시다는 매우 깊은 인상을 받는다. 이곳만의 아름다움이 여기에 있다. 우리의 마음을 감동하게 하는 이곳 사람들의 매력이 있다. 그리스도의 부름에 헌신하는 선교사들의 사역에 큰 관심이 있다. 그리고 그리스도의 이름으로 함께 하는 남녀 신자들의 동행은, 부르시고 축복하시는 절대자의 존재를 드러나게 한다. 한국에서의 선교사들의 지도력과 봉사 하에 그러므로 영감과 능력과 아름다움이 더 해지고 있다. 설명이 필요 없다. 모든 질문을 침묵케 한다. 이것이 모든 것을 해석한다.

우리 선교사들에게 교회들을 돌보는 사명이 주어졌다. 그들은 비전과 사명의 남녀들이다. 이 동쪽의 먼 땅에서 변화지 않는 생활과 그리고 빠르게 변하는 문제들은 그들을 필요로 한다. 이들은 그리스도의 부름 속에 사역과 나눔을 평생 즐거워한다. 매일 끝없는 방해가 있지만, 그들은 복음을 접하지 못한 가깝고 꼭 필요로 하는 많은 사람들에게 그리스도를 전한다. 그들은 이 일을 위하여 그들의 기회를 다 쏟아 붓는다. 이것이 그들의 우선 과제이다.

그러나 이 일에는 많은 장애물과 후퇴가 있다. 교회의 조직과 질서 부분이 시급한 일이다. 지도력이 더 발전되어야 하고, 경험이 적은 한국교회 일꾼들에게 자신감과 안정감을 줄 수 있어야 한다. 선교사들은 가르침에 우선해야 하고, 교회의 문제는 조력자들과 교회 지도자과 협력해야 한다. 목회자들, 당회원들 그리고 교회원들과 그들의 문제를 상의해야 하고, 진리를 찾는 자와 실망한 일꾼들과 상담을 하여야 하고, 순회 전도를 계획하고 실행해야 하며, 가르치고 설교해야 한다. 아직 복음이 전해지지 않은 사람들로 인하여 선교사들은 항상 마음이 무겁다.

아직 젊고, 불안하고, 불만족스럽고, 빛과 인도함을 구하며, 사모하고 열망하는 이 땅은 거의 그들을 소진하고 있다. "따로 한적한 곳에 가서 쉬어라"는 주인의 초청에 주위를 기울일 기회가 없다. 그러나 항상 그리스도는 그들의 곁에 계시고, 그들의 마음속에 있다. 모든 것과 함께, 또 모든 것 사이에서 그리스도를 전할 이 열정이 있다.

한국에서 그리고 한국인들에게 무슨 일이 일어나고 있는가? 그리스도는 자신의 백성들을 만들고 있고, 그들은 하나님 스스로 선택한 특별한 사람들, 무시당하고, 자신의 나라를 잃고, 훼방 받고, 수치를 당하고, 궁핍하게 되어 고난받는 사람들이다. 이러한 사람들에게 비전과 희망과 담대함이 온다. 선교사들이 그 길을 보여주고 있다.

하나님의 선택된 사람들이 동방에서 오며, 일시적 권력과 물질적 풍요를 버려두고, 하나님의 은혜와 능력으로 그리스도와 같은 사역과 헌신을 한다. 그들로 하여금 동방의 선교사가 되게 하라. 새날 즉 그리스도의 날의 예언자가 되게 하라!

먼 곳으로부터 온 선교사들이 그 위대한 끝을 인도하고 있다. 그들은 한국교회가 그리스도를 볼 수 있도록 돕고 있다. 자신의 언어로 성경을 읽을 수 있도록 하였고, 스스로 해석하여 그리스도의 사랑의 계시를 귀하게 여기도록 하였다. 그들로 하여금 기도의 능력을 알게 하였고, 하나님 앞에 기도하는 습관을 갖도록 하였다. 그들을 초대하고 격려하여 스스로 그리스도의 말씀과 구원에 온전한가 성찰하도록 하였고, 결국 자신들도 복음의 전도자가 되도록 하였다. 그들에게 그들 주변에 있는 추수할 곳이 어디인지 보여주었고, 그들은 오늘날 그곳에서 위대한 추수를 하고 있다.

한국교회에 그리스도를 확실하게 보여준 그들이 그리스도의 대사이다. 그들과 함께 한국교회의 사역자들과 우리가 함께 한다는 것은 특권이다. 그들의 주인이자 우리 주인은 호주의 우리에게 무엇보다도 먼저 말씀하신다.

"추수할 것은 많되 일꾼이 적으니 그러므로 추수하는 주인에게 청하여 추수할 일꾼들을 보내 주소서 하라 하시니라"(마 9:38).

4장

해방 후
한국 방문기

❧

조지 앤더슨
(호주 빅토리아장로교회 해외선교부 총무)

조지 앤더슨은 호주 빅토리아장로교회 해외선교부 총무로 1939년부터 사역하였고,
해방 후 레인과 함께 호주인으로는 처음으로 비자를 받아 1946년 10월 한국을 방문
한다. 그는 후에 호주빅토리아장로교회 총회장이 되었다.
이 글은 호주 선교사들이 모두 철수하여 버려졌던 경상남도의 선교 현장을 방문하
면서 쓴 1946년 10월 23일자 편지이다. _역자 주

News from Korea

Rev. George Anderson

The Missionary Chronicle

December, 1946, 10-13.

나는 정부 관료의 숙소에서 짧은 시간 머무는 동안 밀린 편지를 쓴다. 매일 프로그램으로 꽉 차 있어 그때그때 보고를 하기가 쉽지 않다. 레인 목사는 어제 부산으로 돌아갔고, 나는 오늘 진주로 간다. 그리고 아마도 25일 금요일 거창으로 갈 것이다.

서울에서 부산까지의 우리 방문은 철도 파업으로 두 주간이나 지연되었다. 현재 상황이 심각한 것은 이것으로 인하여 최소한 두 곳에서 유혈 충돌이 있었다고 한다. 모든 통신도 두절되었다. 우리는 남쪽으로 가는 트럭에 자리를 마련할 수 있었다. 우리는 떠날 수 있도록 허락을 받았지만 그러나 운전기사가 없었고, 휘발유도 충분하지 않았다.

10월 10일 우리는 다음 날 떠나는 기차를 탈 수 있도록 허락받았다. 나는 우리가 어떻게 짐들을 옮겼으며 여행 중에 어떤 일들이 있었는지 상세히 적지 않으려 한다. 우리는 새벽 4시 우리의 짐들을 모두 트럭에 실었으며, 기차역에 가서 다시 내렸다. 플랫폼까지 짐들을 옮겼고, 마침내 기차에 실을 수 있었다.

다른 사람들이 우리를 도와주기도 하였다. 만약 우리가 짐꾼을 고용하였다면, 1,200엔이나 될 수도 있었다.

우리가 탄 칸에는 흑인들을 포함하여 미국 군인들로 붐볐지만, 기차 여행은 나쁘지 않았다. 보통 사람들은 계단에도, 엔진 칸에도 그리고 앞 화물칸에도 웅크려 타야 하는 비참한 상황이었다. 어떤 이들은 이런 상태로 비가 오는 중에 100마일을 갔다. 아침 7시 15분에 출발한 기차는 밤 10시 50분에 부산에 도착하였다. 기차역에서 우리의 몇 친구들이 우리를 환영하였고, 우리를 숙소로 안내하였다.

우리의 숙소는 부산에 있지만, 우리가 방문하는 지역에 따라 우리 선교부 중심이 있는 마산이나 진주에 숙소가 정하여졌다. 마산에서는 그곳 기독교인들이 우리를 위하여 편한 잠자리를 제공하며, 자신들의 접대를 받을 것을 권유하였다. 나는 어제 이곳에 왔고, 진주로 가는 차를 기다리고 있다. 부산진에서는 트루딩거와 맥켄지의 이전의 사택 위층 2개의 방과 베란다를 우리가 쓸 수 있도록 하였다. 우리의 짐은 모두 그곳에 보관되어 있는데, 의지할 수 있는 사람들이 관리하고 있다. 짐들은 우리에게 부담이었지만, 모두 잘 도착하였다.

우리가 만난 대부분의 사람들은 짐을 한두 개씩 잃어버렸다고 하는데, 일본에 남아 있거나, 미국에서 부쳐지지도 않았거나, 도난당하였다는 이야기다. 우리가 한국에 도착한 시기가 좀 염려되기는 하지만, 다른 사람들보다는 사실 행운이 따랐다. 지난 4월에 미국 선교사가 상해에 도착하였는데, 10월까지 한국으로 입국할 수 없었다고 한다. 그리고 동경을 거쳐 서울로 비행기로 와야 하였는데, 100파운드 무게의 짐에 300달러 이상을 지불하였다고 한다.

주일이었던 10월 13일은 놀라운 날이었다. 레인 목사가 부산진교회에서 설교를 하였고, 나는 초량교회에서 설교를 하였다. 오후에는 부산에서 많은 교회 교인들이 초량교회에 모여 우리를 환영하였고, 호주의 선교사들과 교회 안부를 우리는 전하였다. 그들은 우리에게 저녁식사를 대접하였다.

화요일에는 부산시 교회의 대표 30여 명과 함께 점심식사를 하였고, 식사 후 짧은 회의를 하였다. 그들은 우리 사역의 원칙이 무엇이 되어야 하는지를 좀 성급하게 우리에게 말하였다. 나는 그들의 제안을 번역하였고, 다른 지역의 제안들과 함께 나의 보고서에 기록할 것이다. 우리를 환영하고 우리와 교제하기 원하는 그들의 마음은 의심할 나위 없이 진심이었다.

마산에서의 주일도 비슷한 내용이었다. 아침예배 후 환영식이 열렸다. 나는 부산에서보다 더 따뜻한 환영을 받는다는 느낌을 받았다. 다음 날 우리는 진해에 갔는데, 그곳은 이약신 목사가 새 목사로 부임하여 있었다. 이 지역에 이 교회는 새 교회였는데, 1945년 8월까지는 해군시설로 인하여 외국인에게는 금단의 땅이었다. 새 교회는 일본인이 지은 좋은 건물을 사용하고 있었고, 부근의 다른 건물들도 그랬다.

한국인들은 과거의 이 일본인 구역에 많은 수가 들어왔고, 그중에 기독교를 전하려는 신실한 사람들도 있었다. 이들은 이곳에 선교부가 세워지기를 희망하기도 하였다! 이곳에서의 환영은 잘 준비된 모임이었고, 사진 촬영과 공동 식사가 포함되었다. 마지막에는 우리가 즉석 연설과 노래를 하였고, 모두 함께 찬송을 은혜롭게 부르며 마치었다.

가장 감동적인 순간은 감옥에서 순교한 주기철 목사의 형이 일어나 자신의 형의 이름으로 우리를 환영하였을 때였다.

이곳 교회의 몇 지도자는 정부의 책임 있는 자리에서 일하고 있었다. 여기에 대해서는 나중에 좀 더 상세하게 이야기할 것이다. 우리는 그 지역의 교육부 대표인 윤 씨와도 깊은 대화를 나누었다. 그는 자신의 야망적인 계획을 우리와 나누었는데, '의무 교육'으로 6년의 초등과정도 포함하고 있었다. 이 부서는 다른 정부 부서보다 좀 더 실질적인 진보를 보이고 있다고 들었다. 그의 계획 중 일부는 이미 진행되고 있고, 사람들의 지원을 받고 있다고 하였다.

고아원에 대하여 언급을 안 할 수 없는데, 이 비극적인 필요는 의심할 나위 없다. 히로시마나 일본의 다른 지역에서 부모가 사망하여 고아가 된 아이들을 흔히 볼 수 있다. 과거 부산과 마산에 건강한 아이들을 위한 집에 있던 아이들을 진해로 데리고 오려는 것이 이 목사의 계획이었다. 정부는 이 복지 사역을 지원하였는 바, 한 어린이마다 매일 12엔을 주었다. 그러나 충분치 않다. 이 사역 지원에 관하여 우리 선교부에 요청이 들어올 것인데, 지원을 결정하는 것은 어렵지 않을 것이다. 현재는 우리가 아무 지원도 할 수 없는데, 이곳의 통화 제도가 혼란스럽기 그지없다. 다른 복지 사역에 관하여서도 내가 접하는 대로 보고할 것이다.

호주선교부 재산! 우리는 이것이 골칫거리가 될 줄 알았고, 그렇게 되었다. 우리는 우리를 도울 공식적인 관리인을 만났다. 예를 들어 부산진 사택에 있던 금고 그리고 그 안에 있던 선교부의 재산증서는 없어졌다. 그러나 관리인은 그 재산을 다시 목록화하고 새 권리를 부여하는 것은 어렵지 않을 것이라 하였다.

지금까지 우리는 부산진, 동래 그리고 마산을 방문하였다. 맥켄지와 트루딩거의 사택은 정당한 절차에 있는데, 일본인이 떠난 후 예전의 하인이 들어와 살고 있다. 그는 자신의 집으로는 못 들어가고 있는데, 그곳은 다른 입주자들이 점거하고 있기 때문이다. 그는 자신의 힘이 닿는 것만큼 선교부를 위하여 돕고 있다.

이미 언급한 대로 우리는 현재 위층을 차지하였다. 우리가 종종 부산을 떠나있기에 이것은 우리에게 적당하다. 여선교관은 시니어 목사 중 한 명인 한 목사와 그의 친척들이 입주해 있다. 건물들은 대부분 양호해 보였지만, 지붕은 내가 검사하지 못하였다.

그러나 아래쪽 집은 부실한 상태이다. 이곳은 한국인 목수가 거주하고 있는데, 우리는 그의 이름을 칠용으로만 알고 있다. 이 집에는 두 명의 가족이 더 있는 것으로 알고 있고, 차고에도 사람이 있다. 큰 지붕은 다시 올려져야 하고, 집은 많은 부분 수리되어야 한다.

큰 학교 건물은 대체로 양호하다. 아래층은 한 학교가 차지하고 있고, 우리에게 잘 알려져 있는 김상순 목사가 운영하고 있다. 그는 자신의 교회 목회 외에 이 학교도 책임 맡고 있는 것이다. 위층은 '고려신학교'라 불리는 한 단체가 차지하고 있다. 이 단체는 학교의 또 다른 건물도 사용하고 있는데, 기숙사로 쓰고 있다. 이들은 진해의 좋은 건물에 있다가 최근에 이곳으로 이사하였다. 노회나 선교부가 이 건물을 사용하려고 할 때 문제가 생길 수도 있다.

인근의 간호사동과 다른 집들은 부산진교회의 한국인 목사와 다른 이들에 의하여 사용되고 있다. 그들은 친척관계인 것 같은데 확실히는 모르겠다. 부산진교회는 일본인의 건물로부터 많은 양의 목재를 구입하였다. 새 교회당 건축을 계획 중인데, 옛 학교 자리에서 멀지 않다. 유치원은 교회에 의하여 운영되고 있다. 지도자는 우리 학교의 교사였던 서 씨이다. 건물은 양호한 편이다. 어린이들에게 모두 나오게 하여 우리에게 인사를 하였다. 좀 떨어져 있는 나환자를 위한 집 건물은 그대로처럼 보였다. 이미 언급한 대로 지금은 '시온고아원'이라는 이름으로 달리 사용되고 있다.

동래의 사택은 부산시 시장 양성봉의 조카가 사용하고 있다. 건물은 좋은 상태이다. 우리는 미리 통지하지 못하고 방문을 하였는데, 깨끗하고 수리가 되어있는 모습이었다. 벽은 새로 단장되었고, 지붕도 수리되어 있었다. 이들도 세를 내고 있었는데, 다른 이들보다 많이 내었다.

하퍼기념학교는 더 이상 우리의 재산이 아니다. 그러나 이 학교가 증축되었다는 사실에 흥미를 가질 사람이 있을 것이다. 농업실수학교는 학교, 교사의 집 그리고 심지어 닭장까지도 최소한 11가정이 차지하고 있었는데, 대부분 일본에서 돌아온 집이 없는 사람들이다. 모든 땅이 재배되고 있다는 것은 말할 필요도 없다. 빠른 스캔처럼 설명을 하였지만, 전체적으로 건물들은 구조적으로 양호하고, 수리될 수 있다. 대부분 창문들도 그대로 있다.

일본 요새의 건물에 있는 나환자들을 방문하였다. 여기에 대하여 말할 것이 너무 많아 설명을 일단 연기한다. 700명의 환자가 그곳에 수용되어 있다. 이곳을 통제하고 돌보는 일은 아직 초기이다.

마산 매크레의 사택은 라디오 공사가 사용하고 있다. 약간의 수리가 있었고, 공사의 대표가 그곳에서 살고 있다. 집안에 있던 모든 물건들은 전쟁 초기에 일본인에 의하여 아니면 관리인에 의하여 밖으로 내어졌다. 우리가 사용하기 원할 때 6개월의 말미를 주면 이사하겠다고 그 대표는 말하였다. 다른 두 개의 사택은 집이 없는 사람들이 차지하고 있었다. 그곳과 또 유치원에 120명이 모여 산다고 들었다. 이 집들의 창문은 대부분 그대로지만 수리가 많이 필요하다.

내가 듣기로 이 집들은 일본 군대가 자신들의 군인이나 한국인을 훈련시키기 위하여 사용하였다고 한다. 이들은 자신들이 만든 큰 가마솥을 이 집에 들였고, 이것은 지금도 남아있다. 또한 바깥에 화장실도 만들었다.

유치원은 난민뿐만 아니라 지역 권투클럽도 사용하고 있었다. 큰 교실에는 링이 설치되어 있는데, 이곳은 우리 선교사 공의회가 종종 모였던 곳이다. 기숙사는 이 씨에 의하여 고아원으로 사용되고 있다. 수일 내로 그가 진해로 이주를 하면, 누가 남아 건물을 돌볼 것이다. 우리는 이것을 국내 선교사와 함께하는 의사와 이 씨에게 맡기었다.

여학교는 최근 수리를 마치었고, 영어 학교로 사용되고 있다. 다른 과목도 가르치는데 개인적인 사업이고, 마산시에서 지원하고 있다. 라이얼기념학교와 기숙사는 보통학교로 운영되고 있는데, 1,700명의 학생이 등록하고 있다. 이 학교도 역시 마산시가 관리하고 있다. 나는 이 학교에 관한 모든 사항을 점검할 시간적 여력이 없었다. 이 학교 미래의 문제는 중요하다. 작은 수리가 있었다지만, 우리가 원하는 건물로 만들려면 큰 보수 작업이 필요하다. 관리도 문제인데, 선교부 전체 재산 현황을 파악한 후 그리고 관리자와 상의한 후 어떻게 해야 할지 결정해야 하겠다.

마산교회당은 매우 좋은 상태에 있다. 그러나 교회 학교는 상태가 좋지 않다. 공부는 저녁에만 진행된다고 한다.

나는 두 가지를 생략하였다. 마산의 선교부 건물을 둘러싼 벽은 약간의 틈이 생겼지만 거의 그대로이다. 한 남성이 기숙사 아래 언덕을 조금 침범하였다. 동래의 사택에 딸린 부지에는 3채의 좋은 한국인 집이 세워졌다. 일본인이 세웠다고 들었다. 하나는 한국인 장로가 거주하고 있고, 다른 두 채는 한국인 목사가 구입하여 세를 주고 있다.

노회는 몇 개월 전에 호주선교사들이 다시 돌아오기를 청원하는 결정을 하였다. 선교사들이 없는 가운데 이 안이 통과되었다는 것은 좋은 일이다. 노회 서기는 나에게 말하기를 이 결정을 영어로 번역하여 우리 위원회에 편지를 보냈다고 한다.

나는 그 사본을 보았으며, 기쁘게 읽었다. 이 땅에 선교사로 있던 우리를 다시 환영한다는 내용이다. 이 말은 한국인 형제들이 우리 사역을 위한 그들 자신의 목회지를 내놓는다는 것은 아니다. 12월 초에 노회 모임이 또 열린다. 이 노회 기간까지 우리가 이곳에 머물기를 권하고 있다. 동시에 우리는 모임과 만남을 통하여 이곳 교회들이 어떻게 생각하고 있는지 계속 탐문할 것이다.

이 나라의 분열과 교회의 분열은 우리 마음속에 점차로 분명해 보인다. 여기에 대하여 구체적인 의견을 쓰기 전에, 나는 좀 더 객관적인 사실을 찾는 것이 중요하다. 이 주제를 편지에 담기에는 너무 크다. 세계에서의 한국의 위치와 세계교회에서의 한국교회 위치는 일치를 성취하는 문제 해결과 관련되어 있다고 나는 생각한다.

　　여러분 모두에게 따뜻한 인사와 안부를 전한다.

5장

해외 선교의 확장과 발전
― 호주장로교 해외선교위원회

❧

조지 앤더슨
(호주 빅토리아장로교회 해외선교부 총무)

Foreign Mission Committee

Extension and Development

Rev. George Anderson

The Missionary Chronicle

August 1, 1946, 1-2.

현재 우리는 확장과 발전에 대한 말을 많이 듣고 있다. 해외선교부의 매우 현실적인 확장과 발전이 계속 진행되어 왔었고 또 계속되고 있다는 것을 우리는 잊지 말자.

빅토리아에 있어서 해외 선교 역사를 생각하면, 1859년 호주장로교회의 연합의 첫날부터 복음을 듣지 못한 사람들에게 선교하려는 열정과 큰 전진이 몇 번 일어났다. 존 페이튼 박사의 놀라운 추동은 주일학교로부터 시작하여 교회 전체를 흔들어 놓았다.

19세기 후반의 선교 열정은 매우 주목할 만하다. 그리고 그 영향은 아직 죽지 않았다. 1910년부터 호주 빅토리아는 영국과 북미 그리고 동방의 선교지의 대각성 운동을 함께하였다. 프랭크 페이튼은 성경학교 캠페인에 크게 사용되었고 교회에 큰 비전을 제시하는 데 성공하였는데, 바로 한국에 하나님 나라를 건설하는 일이었다. 이 영향도 여전히 살아 있다.

1928년 예루살렘에서 열린 세계선교대회를 참석하고 헨리 매튜는 한국을 방문한 후에, 선교지의 기독교 교육 요청으로 우리 교회의 최고 남녀 선교사들을 한국으로 불렀다. 그들은 그 위대한 사역을 위하여 자신을 헌신하였다.

1938년 마드라스의 탐바람대회 후 선교사역의 본질이 명백하게 바뀌고 있었다. 그러나 중국에서 벌어진 전쟁과 더 큰 세계의 갈등으로 토착교회들의 성장과 기존교회들과의 협력을 우리는 보아왔다. 이것이 한국에서 우리의 사역의 본질을 바꾸려 하였고, 실제로 그렇게 진행되고 있다.

사실 동방의 교회들은 전쟁의 폭풍을 통하여 고난과 박해를 거의 전적으로 외부의 도움 없이 스스로 감당해야 하였다. 외국의 친구들은 정직한 기도로만 도울 수 있었다. 그들은 이제 우리를 다시 초청하여 전진에 동참하기를 요청하고 있다.

전쟁 기간에 우리 해외선교위원회와 여선교연합회는 여러 가지 문제들로 포위되어 있었다. 우리는 좌절의 의미가 무엇인지 배웠다. 그러나 이 상황이 우리로 하여금 우리의 사역을 성찰하게 하였고, 가능한 일만 하면서 전진을 계획하였다. 심지어 전쟁이 끝나기도 전에 뉴헤브리디스 선교지는 우리의 선교사를 불렀다. 지금 우리는 좀 더 넓은 선교지를 볼 수 있고, 전쟁 후 위대한 선교사 시대의 비전을 세워가고 있다.

심지어 총회에 올리는 해외선교위원회 보고서에는 좀 서두르는 듯한 내용도 읽히는데, 확실한 건설적인 계획과 더불어 별 진전이 없어 보이는 현실이 담겨있다. 1946년의 보고서는 이 이야기를 좀 더 진전시키고 있다. 이 보고서는 현 상황에 대한 설명 요약이다.

1. 몇 해 동안의 모임과 희망을 통하여 호주장로교 해외선교위원회는 다른 주들의 축복을 받아 전체 교회의 위원회로 참 기능을 할 수 있는 단계에 있다. 이 노력은 각 주의 교회가 매우 거대한 부분인 선교에 동참할 수 있도록 하는데, 모두 6개의 선교지이다. 호주 원주민, 호주 중국인, 뉴헤브리디스, 한국, 인도 그리고 중국이다.

각 주의 위원회와 모든 선교단체는 물론 자신들의 특별한 선교지와 선교사를 보조할 수 있다. 그러나 각 주는 이제 다른 주에서 무엇을 하는지 더 관심 있게 볼 수 있다. 7월 1일부터 시작되는 사무실이 기능을 시작하기 전부터 빅토리아 해외선교부는 서호주, 남호주 그리고 퀸 즐랜드에서부터 선교사 지망생들의 문의를 받고 있다.

2. 빅토리아의 해외선교위원회와 여선교위원회는 새 날의 중요한 사역을 위하여 정책과 목표를 일치해야 한다. 여선교연합회의 지부와 조직은 거의 지금까지와 같이 기능을 하고 여선교사들에게 특별한 관심을 가지지만, 실제적인 선교사 정책과 활동은 총회의 해외선교위원회 하에 책임을 지어야 한다. 위원회는 다시 구성되었다. 임원회는 작아졌지만 여선교연합회의 대표들도 참석을 하고, 전체 위원회도 여선교연합회와 균형을 이루었다.

이 위원회는 자연히 선교위원회의 보조지만, 모든 사역을 현재대로 실행해 나갈 것이다. 큰 규모의 재정과 기금을 이 위원회가 계속 유지할 것이고, 홍보도 주도적으로 진행하며, 선교사역을 위한 선교사 선발도 그대로 할 것이고, 선교부의 모든 토론과 결정에도 물론 참여할 것이다.

3. 빅토리아의 위원회들은 원주민선교를 강화하기 위한 선교부의 모든 계획을 지지한다. 올해의 지원금을 1,400파운드에서 1,660파운드로 인상하는 것에 동의하였다.

4. 본 위원회는 뉴헤브리디스에서의 전진운동 계획을 지원하며, 이것은 다음의 사항을 포함한다.

1) 지역교회를 강화한다.
2) 교육 사역을 발전시키고 증진시킨다. 특히 그곳의 교사와 지도

자교육을 염두에 둔다.

3) 남녀 훈련을 포함한 충분한 의료 계획을 세운다. 전략 거점에 시
약소를 설치하고 직원을 확보하며, 원장이 이 모든 일을 감독하
도록 한다.

4) 여성 선교사를 간호사, 교사, 디키니스로 보내기로 결정한다. 이
미 7명의 새 선교사가 파송되었다.

5. 1945년 지극히 중요한 결정이 있었다. 총회는 해외선교위원회
의 추천을 받아서, 중국의 중국교회협의회와 협력하기로 하였다. 연
말에 4명의 선교사가 그곳으로 떠났으며, 1월에 그곳에 도착하였다.
그리고 운남의 남쪽지역 어려운 환경에서 현재 일하고 있다.

위원회는 중국의 교회에 교육자 한 명을 제안하였다. 중국교회는
이 제안을 받아들였고, 이제 곧 떠날 것이다. 중국의 교회 하에 우리
선교사가 일하도록 한 결정은 현대 선교정책과 일치하는 것이다. 그
땅의 사람들에게 우리의 선교사들이 크고 선한 영향을 미칠 것이다.
그곳 교회도 새 중국을 건설할 목표를 가지고 있다. 그 일에 우리도
초청된 것이다.

6. 한국은 해방되었다. 마침내 일본의 압제에서 자유를 되찾은 것
이다. 아직 연합군들에 의하여 통치되고 있지만, 사람들은 독립을 꿈
꾸고 있다. 우리 선교사들은 전쟁 동안에 그곳에서 강압적으로 철수되
었다. 이들은 아직 자신들의 선교지로 돌아가지 못하고 있다. 어떤 선
교사들은 다시 돌아가기를 손꼽아 기다리고 있다.

우리 위원회는 두 명을 먼저 한국에 보내기로 하였다. 이들은 미국
과 캐나다 선교사들과 합류하여 한국교회를 먼저 만날 것이다. 총회는

다른 선교사들에게도 곧 떠날 수 있도록 승인하였다.

한국의 교회는 고난을 당하였다. 박해와 억압은 이제 지나갔지만, 아직 그들의 문제가 남아있다. 그럼에도 많은 사람들이 모여 함께 예배를 드리며 활동을 하고 있다. 최근에 받은 편지는 선교사들을 어서 보내달라는 내용이다.

전쟁 기간에도 우리는 이 중요한 선교지에서의 사역의 목표를 계속 지속하여 왔다. 이제 이 희망이 이루어지려는 순간이다. 한국에서 또 하나의 부흥이 일어나기를 바란다.

7. 이러한 상황의 모든 발전에 대답이 요구된다. 많은 후원금이 들어오고 있다. 여성친교회의 연례모임에서 새 사역을 위하여 500파운드를 책정하였다. 많은 문의와 선교 자원자들이 나오고 있다. 모두 선교사로 떠날 수는 없지만. 이 모든 것이 교회의 숨어있는 자원이다.

우리 위원회는 믿기를 선교와 그 도전이 분명히 우리 앞에 있다. 우리의 응답은 계속될 것이다. 그 응답은 믿음과 기도 속에 이루어지고 있다. 우리 선교의 확장과 발전은 확실히 하나님의 손에 달려 있다.

2 부

호주장로교회
빅토리아여선교연합회

첫 모임이 열린 멜버른의 '미우라'

첫 모임이 열린 멜버른의 '미우라'

두 명의 설립자

▌ 케인즈

▌ 데이비스

▌ 페이튼

▌ 번즈

▌ 핸더슨

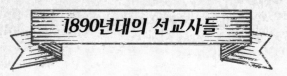

1890년대의 선교사들

▌ 멘지스

▌ 무어

▌ 브라운(엥겔 부인)

▌ 워드

역대 회장들

▎ 매튜 – 20년 동안 회계로 봉직

▎ 데처

▎ 홈즈

▌딘우디

▌해밀톤

▌다우링

▌토드

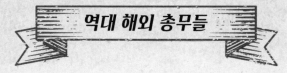

역대 해외 총무들

▌ 앤더슨

▌ 롤란드

▌ 캠벨

∎ 하디

∎ 브레드쇼

1장

50년 후에
─ 빅토리아여선교연합회의 선교 기록

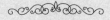

서문
제임스 노블 맥켄지(호주장로교 총회장)

50년 후에: 빅토리아여선교연합회의 선교 기록
엘리자베스 캠벨(빅토리아여선교연합회 해외선교부 총무)

After Fifty Years:

A Record of the Work of the P.W.M.U. of Victoria

Elizabeth M. Campbell

Melbourne: Spectator Publishing Co.

1940

서문

빅토리아여선교연합회 희년을 맞아 우리 교회 모두는 하나가 되어 하나님께서 이들에게 위탁한 50년 동안의 놀라운 승리의 경험을 감사한다. 하나님이 인도하시고 축복하셨음이 명백하다.

이 사역을 시작하고, 진행하고, 여전히 활동하는 고귀한 여성들에게 우리 교회는 큰 빚을 지었다. 그들은 하나님 나라를 확장시키는 여정에 있었던 많은 장애물을 극복하고, '영광스러운 비전'을 지켰다.

호주장로교회는 빅토리아여선교연합회 회원 한 명 한 명 그리고 모두에게 가장 따뜻한 축하를 전하며, 계속되는 유익함과 축복을 기원한다.

서론

"너는 죽을 자리로 끌려가는 사람을 건져 주고, 살해될 사람을 돕는 데 인 색하지 말아라. 너는 그것이 '내 알 바 아니라'고 생각하며 살겠지만, 마음을 헤아리시는 주님께서 어찌 너의 마음을 모르시겠느냐? 너의 목숨을 지키시는 주님께서 다 알고 계시지 않겠느냐? 그 분은 각 사람의 행실대로 갚으실 것이다"(빅토리아여선교연합회 첫 연례보고서의 도전적인 기록, 잠언서 24:11-12).

잘 만들어진 팸플릿이 내 앞에 있다. 세 페이지 반은 여선교연합회 사역의 첫해 기록이 담겨있고, 나머지 페이지에는 임원회와 위원회 명단 그리고 각 지부와 재정보고가 담겨있다. 마지막 부분은 질문을 유발한다. 지출이 거의 없는 항목에 "아세트산 한 상자, 3파운드"는 무엇인가?

'기원'이라는 소제목의 문단 전체를 인용하자면 다음과 같다.

"청년친교연합회의 모범에 동기가 유발되었고, 그리스도의 사역을 위하여 장로교여성연합회가 조직된다면 50파운드를 헌금하겠다고 약속한 '의뢰인 C'의 제안을 기반으로 몇 명의 여성들이 1890년 7월 29일 멜버른 투락에서 모였다. 그리고 기도와 토론 끝에 그러한 여성 단체를 창립하기로 결정하고 위원회가 구성되었다. 이때쯤에 발라렛과 지롱에서도 같은 움직임이 있었다.

1890년 8월 25일 이 지역의 대표들이 멜버른위원회와 만났고, 빅토리아여선교연합회가 공식모임에서 정식으로 탄생하였다. 이 사실을 총회 총회장께서 축하해 주었다.

빅토리아주 전역의 각 교회 여성 대표들을 초청하여 지역마다 지부를 만들거나, 혹은 같은 지역이나 도시의 두세 교회가 연합하여 협력 지부를 만들기로 하였다. 규정이 채택되었고, 임원이 선출되었고, 그리고 일이 시작되었다."

이 문구 내용 뒤에 그 당시 성령의 바람이 강하게 불고 있었다는 것을 느낄 수 있다. 거의 백 년 동안 개신교회는 주님의 지상 명령을 시행하고자 노력하여 왔다.

"내가 너희에게 명령한 모든 것을 그들에게 가르쳐 지키게 하여라."

이 명령이 완성되기 위해서는 여성들이 적극적으로 참여해야 하고, 조직되어야 한다는 인식이 점차로 증대되고 있었다. 영국과 그녀의 식민지 국가에서는 이미 여성들이 조직되고 있었고, 1890년 9월 「월간 장로교」에는 다음과 같이 말하고 있다.

"미국에서는 이런 연합회가 교회 안에 선교의 불길을 타오르게 하는 데 성공하고 있다는 것을 증명하고 있다."

이곳 빅토리아주에서도 몇 줄기의 영향력을 눈으로 확인할 수 있다. 투락교회 어윙 목사의 짧지만 열매 맺은 목회가 젊은 사람들을 깊이 흔들었고, 그의 설교는 헨리 데이비스와 누이 메리가 첫 빅토리안 선교사로 1889년 한국으로 가도록 직접적인 영향을 미쳤다.

또한 중국내지선교회의 메리 리드도 있는데 그녀의 감명 깊은 연설을 우리는 기억하고 있고, 지롱의 케인 부인은 그녀의 남편과 함께 그녀의 형제 데이비스를 성 조지 사택으로 방문하고 있다. 이들은 인도에서 온 선교사들로 매우 흥미로운 인도 여성들의 필요와 여성 사역자들의 기회에 관한 이야기를 가지고 왔다.

그 외에 다른 영향들도 물론 있겠지만, 그중에 가장 위대하고 지속적인 영향력은 페이튼 박사와 부인 그리고 그 가족에게서 오는 것일 것이다. 이들은 항상 뉴헤브리디스를 교회 앞에 기억하게 하였고, 지울 수 없는 인상을 어린이들 마음속에 심어 주었다.

그러므로 빅토리아장로교회의 여성들은 준비되었고, 선교를 위하여 하나가 되라는 부름에 응답할 수 있었다.

보고서에서 인용한 내용을 앞에서 언급한 것처럼, 여기에는 두 개의 주요한 자극이 있었다. 헨리와 메리 데이비스의 선교사역 그리고 헨리의 죽음으로 인하여 남성과 여성들이 자극을 받았고, 한국 선교에 관한 남청년친목회의 결단이 첫 번째이다. 그리고 만약 여성들이 하나님의 선교를 실행하기 위하여 조직되면 50파운드를 기부하겠다는 '의뢰인 C'로 인하여 자극받은 것이 두 번째이다. '의뢰인 C'가 크리시 딘우디 양이라는 것은 이제 비밀이 아니다. 그녀가 새로 조직된 여선교연합회의 첫 총무가 되었기 때문이다.

1890년 7월 29일의 첫 움직임은 멜버른 투락의 로버트 하퍼 여사의 미술실 '미우라'에서 열린 첫 모임이었다. 이 모임에서 임시위원회가 조직이 되었고, 50파운드가 수용되었다.

지롱에서는 앞에서 언급한 대로 케인 부부가 인도를 방문하였고, 한 여성모임에 초청되어 강연하고 이어서 여선교회를 창립할 것이 제안되었다. 이것도 역시 7월에 일어난 일이었다.

7월 초에는 데이비스 부인이 그녀의 친구인 케인즈 부인이 있는 발라렛의 성 앤드류 교회를 방문하였다. 케인즈 부인은 후에 다음과 같이 말하고 있다.

"데이비스 부인이 제안하기를 우리 빅토리아장로교회의 여성들은 이방인 여성들을 위하여 단체를 만들자고 하였다. … 여성들을 위하여만 따로 사역하자는 생각은 새로운 것이었다. '데이 스프링스'와 뉴헤브리디스에 관하여 깊은 관심을 갖고 있던 나는 그녀의 제안이 그곳에서 진행되고 있는 사역에 해가 될까봐 두려운 마음이 먼저 들었다.

그러나 우리가 대화하면서 이 새로운 제안은 아마도 하나님에게로부터 온 것이라는 확신이 들기 시작하였다. 우리는 이것에 대하여 기도하기로 하였고, 만약에 그렇게 한다면 우리 교회들은 무엇을 할 수 있을지 생각하게 되었다.

당시 나의 남편은 매주 여성성경공부를 인도하고 있었는데, 7월 29일의 주제는 '선교'였다. 그리고 나는 그 성경공부반에 가 다른 나라에 사는 자매들의 필요에 관하여 말하였다. 듣는 그들은 굉장히 동정적이었고, 장로교회와 연결된 연합회가 설립된다면 함께 하겠다는 마음의 일치가 있었다. 우리는 같은 날 오후에 멜버른의 여러 교회 여성들이 투락에 모여 여선교연합회 창립을 위한 위원회를 결성하였다는 사실은 알지 못하고 있었다."

총회장 맥도날드 목사의 사회 속에 8월 25일 모임에서 연합회가 결성되었고, 지롱과 발라렛에서도 대표가 참석하였다. 이 해 말 28개의 지부 혹은 협회가 설립되어 천오백 명의 회원이 있었고, 617파운드 11실링 3펜스가 모금되었다. 또한 4명의 젊은 여성이 한국에 선교사로 나가기로 자원하였다.

왜 한국인가? 이방 땅의 여성들 중에 일하며 헌신하려는 부름은 인도에서 크게 들려왔다. 그리고 인도의 제나나 사역이 첫 번째 생각이었다. 그러나 뉴헤브리디스에 독신 여성을 보내는 것 같은 방법은 장애물이었다.

동시에 남성과 여성들은 한국에서의 부름도 듣고 있었다. 친교연합회는 헨리 데이비스의 후계자로 제임스 메케이 목사를 보낼 준비를 하고 있었고, 그 부부는 여선교연합회를 대표하는 멘지스, 페리, 파셋과 함께 1891년 한국으로 갔다. 우리가 한국을 선교지로 택한 것은 절대 아니었고, 하나님에 의하여 우리에게 선택된 것이다.

그러나 인도도 잊히지 않았다. 여러 해 동안 연합회는 그곳 선교의 작은 부분을 감당하고 있었다. 뉴헤브리디스와 마찬가지로 미션 박스를 제공하는 일은 여성위원회가 담당하기 시작하였고, 그 이후 이 일은 신실하게 실행되었다.

헨리 데이비스가 부산에 도착할 때 그는 병들어 있었고, 사망하여 그곳에 묻혔다. 그 이유로 우리 선교사 몇 명이 그를 이어 부산으로 갔는데, 도착한다는 알림도 없었고 알아주는 사람도 없었다. 다행히도 그곳에는 몇 외국인이 살고 있었는데, 미국 선교사들과 세관을 감독하도록 한국 정부에 의하여 임명된 한 영국인이 있었다.

이들은 우리 선교사들이 많은 짐과 함께 거주할 집을 찾아 주었다. 한국인 중에는 악마의 눈을 두려워하며 이들을 받아주는 사람이 없었다. 그래서 당분간 한 일본인의 배려로 집을 세낼 수 있었다. 이것은 확실히 신앙의 모험이었으며, 그들의 신앙은 내내 정당하였다.

동시에 호주 안에서는 연합회의 관심을 끄는 것이 있었는데, 멜버른의 중국인 여성과 어린이를 위한 사역이었다. 1893년 중국인 학교를 개교하였고, 중국인 어머니를 위한 일이 시작되었다. 피에 양이 오래 봉사하다가 시어스 양이 그 뒤를 이었다. 멜버른에서 중국인 수가 줄어들고 있었고, 학교는 더 이상 필요치 않았다. 그러나 주일학교와 어머니를 위한 모임은 계속되었다.

1895년 워드 목사가 퀸즐랜드 마푼에서 사망하자, 그의 아내는 그곳 학교를 계속 운영하였다. 그리고 퀸즐랜드 정부가 원주민학교를 후원하면서 이 학교의 교사 봉급을 책임질 때까지 우리 여선교연합회의 지원을 받았다. 와이파의 쉬이크 양도 우리 직원이었다.

우리 여선교회연합회 회원들 중에 하나님의 고대 백성인 유태인들에게 특별히 관심을 갖는 사람들이 있었다. 번즈 여사가 그중 한 명이었다. 1918년부터 1935년까지 연합회는 유태인 중에 선교사를 보냈는데, 리차드 양이었다. 그녀는 유태인 가정을 많이 방문하였다. 지금은 일반 재정에서 연 150파운드를 교회의 선교사 카모우치 목사 사역을 지원하고 있다.

여선교연합회의 전체 역사를 한 권의 책에 다 담을 수 없다. 이 작은 책자에는 이 단체의 발전상, 확대되는 영향력 그리고 본 선교사역과 너무 커져버린 사업 등을 요약하는 것만 가능하다. 그리고 한국에서의 선교사역 발전에 대한 조감도 정도만 기술하였다.

많은 구체적 이야기들은 생략되었고, 책자의 마지막 부분에는 호주 사역과 한국 사역의 연보를 기록하였다. 관심 있는 연합회의 회원들에게 유용한 자료가 되기를 우리는 희망한다.

멜버른 고향에서

빅토리아여선교회연합회 지도부의 행위는 깨어있는 보수주의에 의하여 표출되었다고 할 수 있다. 좋은 것은 간직되고 있었던 것이다. 예를 들어 기도모임은 우리 연합회의 중심으로 지난 50년 동안 매달 진행되었고, 조직의 주요 구조도 지금까지 살아남았다.

그러나 50년 후에 변화와 성장도 있었지만 오래된 길이 닫히는 것 같으면 살아있는 조직으로서 여선교연합회는 하나님의 인도하심에 따라 새로운 길로 갈 준비가 되어야 한다. 그것은 그의 나라 확장과 그의 영광을 위해서이다.

연합회 사역 방법이 일관성 있게 진행되었던 이유 중 하나는 지도부의 임원들이 놀라울 정도로 오랜 기간 봉사를 하였기 때문이라 할 수 있다. 예를 들어 홈즈 여사가 올해 연합회 회장이 되는데 네 번째 회장이다. 지금까지 회장이 단 네 명이었던 것이다. 로버트 하퍼 여사는 연합회가 창립되어 그녀가 사망한 1924년까지 회장을 하였으며, 매튜 여사는 11년 동안 회장직에 있었고, 대처 양은 5년 동안 하였다.

또한 총무도 네 명밖에 없었다. 딘우디, 헤밀톤, 다우링 그리고 토드이다. 토드 양은 현재 33년 동안 총무를 하고 있다. 세 명의 해외 총무도 있었는데, 앤더슨, 로랜드, 캠벨이고, 세 명의 회계 즉 하디, 매튜, 그리고 브라쇼가 있었다.

우리 단체의 가장 큰 변화는 노회 협의회의 형성에 의하여 책임이 탈중앙화되었다는 것이다. 이 안은 1909년 존 그레이 여사에 의하여 제기되었다. 먼저는 장로교 대회가 열렸다. 그리고 1915년 첫 노회 협의회가 세워졌고, 1920년이 되어서 그 조직이 완성되었다.

　노회 협의회의 기능은 자신의 지역 안에 있는 지부를 돌보는 것이었는 바, 모임 주선과 지부 사역을 감독하는 것이었다. 각 협의회의 총무는 여선교연합회의 중앙위원이 되고, 그 위원회에서 배운 지식으로 자신들의 협의회 일을 효과적으로 할 수 있었다. 또한 그들은 각 협의회의 사역 보고를 통하여 시골 지역에 많은 영감과 응원을 가져올 수 있었다.

　각 노회 협의회는 선교사 한 명과 연결되어 선교사가 호주로 휴가를 올 때 협의회를 방문하였다. 이 방법으로 협의회는 계속 선교활동에 열정과 관심을 유지하고, 선교사와 후원자 사이에 가까운 관계를 맺도록 하였다.

청년 사역

빅토리아주의 주일학교는 오랫동안 뉴헤브리디스의 선교사 선박 '데이 스프링'을 후원하였다. 그러나 어린이들에게 선교에 대한 주제를 계속 가지고 실천하게 하기 위해서는 무언가 더 필요하였다. 그래서 '미션 밴드'(선교동아리)가 몇 교회 안에 만들어지게 되었다.

1903년 여선교연합회는 이러한 동아리를 연합시키기로 결정하였다. 그리고 단일한 감독자가 있어야 하였는데, 그의 의무는 동아리의 사역을 지도하고 선교 운동을 벌여나가는 것이었다. 빅토리아주의 많은 지역이 이 연합회의 네트워크 속에 참여하고 있고, 현재의 많은 선교사들은 이 선교동아리 관심으로 지원을 받고 있다.

여기도 임원들의 오랜 기간 봉사 기록이 있다. 첫 감독자는 캠벨 양, 그다음은 대처 양, 세 번째는 그린 양 그리고 네 번째는 뮤어 양인데 그녀는 22년째 동아리를 이끌고 있다.

소년소녀들이 무언가 자신들의 확실한 사역을 갖는 것이 좋다고 여겨졌고, 동아리에 선교사 한 명을 지원할 수 있는지 물었다. 그리고 그들의 긍정적인 대답으로 남성선교사를 지원할 것인지 아니면 여성 여선교사를 지원할 것인지 결정하게 하였다. 그들은 남성 선교사를 원하였는데, "우리는 남성을 원합니다. 왜냐하면 그가 결혼을 하면 두 명이 될 테니까요"라고 총무가 편지를 보내 왔다.

그는 자신이 아는 것보다 말을 더 잘하였다. 그 결과 노블 맥켄지가 선교동아리 선교사로 한국으로 파송되었는데, 지금은 두 명 이상이다. 맥켄지 부부의 딸들도 선교사로 나가기 원하였고, 현재 떠날 준비 중에 있다. 맥켄지의 은퇴로 마틴 트루딩거가 선교동아리 선교사가 되었다. 이 동아리는 또한 멜버른에서 피츠로이 유치원을 지원하고 있다.

'베이비 밴드'(아기동아리)는 1908년 시작된 선교단체로 어머니의 마음을 사로잡는 방법은 그녀의 아기를 통하는 것이라는 지식에서 영감을 받았을 것이다. 이 단체는 오랫동안 존 하퍼 여사와 그레함 양에 의하여 운영되었다.

출생 시부터 아기는 이 단체에 등록되고, 어머니에게 그림엽서가 제공되어 아기가 선교이야기에 대한 첫 공부를 시작할 때 그것으로 교육을 하였다. 아기가 7살이 되면, 선교동아리로 옮기게 된다. 어머니가 납부한 회비는 진주병원의 어린이 침대를 지원하였고, 환자의 건강한 어린이집 아이를 지원하였다.

어린이가 자람에 따라 선교동아리 안에서 장성한 아이들을 구별하여 '시니어 미션 밴드'(상급선교동아리)가 생겨났다. 이들을 따로 조직할 필요성이 분명해진 것이다. 여자아이들을 위한 새로운 모임의 모델이 스코트랜드연합자유교회의 '소녀자원봉사단'이었다.

시니어 미션 밴드에는 소녀들에게 자치를 부여하였다. 나이 든 여성들은 이것에 대하여 염려와 두려움을 가졌지만, 결국에는 소녀들을 신뢰하는 정책이 우세하였다. 여선교연합회가 규정을 만들었지만, 1912년 시니어 밴드 회의와 다른 소녀들이 결정하게 하였다. 그들은 규정을 받아들였고, 회장을 선출하였다. 회장이 된 애니 다우슨의 지혜로운 지도력으로 이 단체의 방향이 정하여졌고, 위대한 선교를 할 수 있었다. 그들은 그들에게 주어진 신뢰를 한 번도 배신한 적이 없다.

이 단체는 진주병원의 수간호사 클라크를 빠르게 지원하였다. 그리고 선교의 영역을 넓히면서 어머니회도 인도하면서, 국내 선교의 영 디커니스도 지원하였다. 이들은 자신들의 사역자 미래의 필요도 미리 생각하여 은퇴연금 적립도 시작하였고, 이것은 후에 여선교연합회의 '프로비던스 펀드'(섭리 기금)와 연동되었다.

1923년에는 성경공부 유니언과 협상하여 장로교여성협회를 세웠는데, 지금의 장로교여성친교회이다. 이 단체는 여선교연합회와 가깝고 친밀하게 협력하고 있고, 여기서 공부하고 졸업한 여성들이 여선교연합회의 소중한 일꾼들이 되었다. 이 친교회가 지원하는 선교사는 한국의 에드가와 리체 그리고 멜버른 피츠로이의 퍼거슨 디커니스이다. 이 외에도 여선교연합회와 관계되지 않은 다른 많은 사역자도 지원하고 있다.

기금 모금

첫 연례보고서에는 다음과 같은 보고가 있었다.

"각 회원은 연 1실링 회비를 납부해야 한다. 각 지부는 헌금이나 기부 상자 그리고 카드 등을 통하여 재정을 모은다. 각 교회와 협회는 자신들의 선교사를 지원하도록 격려하고 있다."

초기 회원들은 물론 1실링에 회비가 제한되지 않았다. 첫 재정 보고서에 보면 발라렛의 샌앤드류교회는 40파운드 14실링 6펜스가 있었던 것을 알 수 있다. 후에는 연 1실링을 강조하지 않는 것이 나왔고, 만약 부담스럽게 생각하는 회원이 있을 때 여전히 '1실링부터'라고 말하였다.

여성이 큰돈을 사용할 수 있는 관습이 아니었다. 그러나 그들은 시간이 있었고, 기술과 진심이 있었다. 이 모든 것이 봉사에 쓰이고 지원되었다. 초창기 회원들은 조리법을 제공하여 요리책을 출판하였다. 그리고 여선교연합회는 수익금으로 저작권료를 받았다. 1916년 또 하나의 요리책을 출판하였는데, 이번에는 전체 수익금을 받았다. 이 방법이 수익성이 좋은 것으로 증명되었고, 1929년 캠벨 양이 증보판을 내었다. '뉴 쿡북'이라는 제목의 이 도서의 판매로 지금까지 수입이 있다.

1908년에는 '더 미셔너리 크로니클'의 첫 편집인 번즈 여사가 하나의 제안을 하였다. 자신의 생일을 기념하여 감사헌금을 하자는 것이었다. 이 제안은 받아들여졌고, 1910년 한국으로 파송된 마가렛 데이비스가 바로 이 '생일 선교사'였다. 그녀의 친구 몇 명은 그때부터 지금까지 이 명목으로 헌금하고 있으며, 이제는 일반 재정으로 이 헌금이 들어가고 있다.

이 외에도 다른 작은 노력들이 있었는데, 카베나 여사는 성탄절 때 선교사들의 메시지가 담긴 달력을 만들어 판매하여 모금을 하기도 하였다.

1906년에는 페이튼 여사를 기념하기 위한 기금모금 운동이 시작되었다. 페이튼 여사는 뉴헤브리디스뿐만 아니라 한국 선교 후원을 크게 한 인물이다. 이때 모아진 기금으로 빌라에 교회를 세웠고, 진주에는 병원을 세웠다.

한국에 미션 스쿨이나 병원 건물을 세우기 위하여 최소한 두 번의 큰 특별헌금이 있었다. 한국 선교가 확장되던 1913년과 동래에 중등학교가 세워진 1924년이다. 이 당시에는 정원에서 개최된 놀라운 바자회가 있었는데, 많은 사람들이 방문하여 다양한 물품을 구매하였다. 이 물품들은 물론 빅토리아주 전역에서 회원들이 지원한 것이었다.

이 중에서 가장 도움이 되었던 기금이 있다. 이것은 '감사기금'인데 영적인 의미를 지니고 있으므로 지속되고 있다. 이 기금은 1917년 맥네어 여사의 제안으로 설립되었다. 각 지부는 매해 봄 특별한 모임을 준비하도록 하였고, 또한 여선교연합회 생일인 8월 25일 좌우로 하나님의 은혜를 감사하는 모임을 갖도록 하였다. 그리고 이 자리에서 연합회의 재정을 위한 자유로운 감사헌금을 하도록 한 것이다.

이 제안은 잘 수용되었고, 각 지부에서 영감을 받고 동기가 유발되어 헌금한 기금은 여선교연합회 재정의 큰 수입원이 되었다. 한 가지 흥미롭게 기억될 사실은 이 기금은 세계 1차 대전이 시작된 해에 출범되었다는 사실이다. 당시 우리는 이 전쟁의 끝이 어디인지 몰라 불확

실함이 증폭하고 있었는데, 이때 우리는 감사헌금으로 시작한 것이다.

또 하나의 귀한 가치를 담고 있는 기금은 1919년 설립된 '섭리 기금'이다. 이것은 엘리자베스 로랜드 리드 여사의 유산으로 2,500파운드였다. 이 기금은 병들거나 은퇴한 여선교연합회 선교사들을 위한 목적이었다. 후에 시니어소녀연합회에서 600파운드를 더하였고, 현재는 이자가 더 하여져서 4,900파운드가 되었다.

이 기금에서 은퇴한 선교사에게 일정 연금이 지불되었고, 현직 선교사들의 의료비용이 지불되었는데 어떤 경우에는 적지 않은 비용이었다. 존 매튜 여사가 사망할 때까지 이 기금을 책임 맡았고, 메이 길레스피 양이 그 뒤를 이어받았다.

일반 재정

빅토리아여선교연합회 사무실 특징 중 하나는 행정 지출을 최소화하는 것이었는데, 자원봉사자들이 일하기 때문이다. 예를 들어 1939년 재정현황에 11,205파운드가 기록되었는데, 그중 약 70파운드만이 프린트와 잡비로 사용되었고, 304파운드가 교회사무실비로 지불되었는데 우리 수입의 3.5%에 불과하였다. 이것은 모두 400파운드가 안되었고, 전체 예산의 4%도 못 미쳤다.

그러므로 이 항목을 위한 특별 기금은 없었다. 이것은 일반예산에 포함되어 있었고, 대부분 한국의 여선교회연합회 선교사들의 봉급과 활동비용, 선교기관 비용, 한국인 직원 비용, 배정된 항목 등으로 지출되었다.

주 수입원은 항상 각 지부의 분담금이었다. 이 분담금에 감사기금이 포함되어 있고, 유태인과 중국인을 위한 사역 기금도 포함되어 있다. 장로교여성친교회는 두 명의 선교사 봉급을 지불하였고, 장로교 레이디스 칼리지는 1927년 이후부터 매년 100파운드를 공헌하였으며, 그 외에 헌금과 일부 유산이 들어 왔다.

불행하게도 빚에 대한 부담도 우리 마음에서 떠나지 않았고, 많은 이에게 큰 짐으로 남아 있었다. 마이너스 잔액은 1924년부터 정기적으로 나타나기 시작하였다. 이때는 한국의 학교 건물들을 위한 기금을 모금하려고 큰 노력을 하였던 해였다. 이때부터 마이너스 잔액이 반복적으로 나타나기 시작하였고, 때로 줄기도 하였지만 보통은 계속 커지고 있었다.

1931년 말에는 마이너스 5026파운드 17실링 그리고 7펜스가 기록되었다. 이것은 놀라운 수치였으며, 일본 엔화의 가치가 치솟아 한국 선교 예산에 2,000파운드를 추가하여야 하였다.

이때는 호주에 경제대공황이 있었고, 매튜 목사의 지도력 아래 있던 시절이었다. 환율 비율을 맞추기 위하여 '노 리츠리트 펀드'('후퇴하지 않는다 기금')을 모았고, 이 기금에서 여선교연합회는 1,364파운드를 수여하였다.

또한 빚을 갚기 위하여 '오천 회원 리그'도 설립되었다. 보고서에 나와 있는 대로 "각 지부는 8,044파운드를 공헌하였고, 예년에 비하여 일반 재정이 555파운드 증가하였다. 이것은 객관적인 계획과 정직하고 지속적인 기도 그리고 신실한 노력의 결과였다."

그 결과 그 해 빚은 이천 파운드가 탕감되었고, 이때부터 점진적으로 줄어들었다. 1939년 말에는 회계가 선언할 수 있었는데, 유용할 수 있는 모든 재정을 동원하면, 이제 재정은 균형을 이루게 되었다. 거의 3,300파운드를 공헌한 오천 회원 클럽은 이제 끝을 맺게 된 것이다.

앞에서 언급한 객관적인 계획은 언급이 좀 더 필요하다. 선교가 계속되기 위하여 각 지부에 주어진 책임을 지부들은 잘 알지 못하였던 것 같다. 마음에 감동이 되면 헌금을 하였고, 그 헌금은 노회 회계에게 전달되었는데, 각 지부는 자신들의 기부가 전체 예산의 어느 정도인지 알지 못하였던 것이다.

그러므로 기부 등의 고려를 제외하고 연합회의 예상 지출 금액을 산출하는 것이 계획이었다. 이 총금액을 노회 협의회의 수에 따라 나누는데, 지난 몇 년간 헌금할 수 있었던 액수에 따라 차별 지어 나누었다. 그렇게 나뉜 금액을 소속된 각 지부에 할당하는 것이 '객관적인 계획'이었다. 이런 방법으로 각 지부는 자신들이 아직 달성하지 못한 목표를 정하여 매해 일을 할 수 있었다.

대부분의 지회는 이 목표액을 즉시 달성하기 위한 강한 욕구가 있었고, 많은 지부들은 그 목표를 성취하였다. 몇 지부는 할당된 목표액이 너무 높다고 하였고, 조금 내린 수치라면 달성 가능하다고 하였다. 그리고 노회 협의회는 이런 제안에 항상 동정적이었다.

그러나 무엇보다도 중요한 것은 수입이 점차로 안정적이었다는 것이다. 때로 오해가 있기도 하였는데 회원 수가 많아지면 할당 액수도 많아지니 새 회원 받기를 꺼려한다는 것이 그 한 예이다. 그럼에도 이 계획은 연합회에 전체적으로 매우 유익하였다. 국내 선교의 예산은 전체 예산의 대략 5분의 1이었는데, 각 지부가 국내 선교의 목적으로 헌금을 하면 전체 예산의 5분의 1을 달성하는 것이었다.

국내 선교

처음에 여선교연합회는 해외 선교만 하였다. 1908년에 와서 국내 선교위원회는 연합회에 접근하여 지원을 요청하였다. 양 위원회가 서로 상의한 후에 합의가 되었는 바, 여선교연합회가 재정적인 책임은지지 않고, 교회 안의 관심과 모금을 촉진하기 위하여 지원하기로 하였다. 각 지부는 국내 선교 강사를 초청하여 지부를 방문토록 하였고, 국내선교위원회는 「더 크로니클」 선교지 한 부분에 칼럼을 제공하기도 하였다.

이 안은 1909년 초에 합의되었고, 총회는 이 결정을 2년 동안 시행해 보기로 승인하였다. 조심스러운 이 내용은 많은 토론과 회의 없이 결정된 것이 아니었다.

다른 한편, 국내선교위원회의 일부는 여성들만의 독립된 단체를 내어 국내선교위원회 아래 국내 전도에만 충실할 것을 원하였다. 여선교연합회 지도부 일부는 국내 전도를 연합회의 활동범위로 포함하면 해외 선교 지원이 희석될 수 있다고 염려하였다.

그러나 주도적인 의견은 교회의 여성을 하나는 국내 선교, 다른 하나는 해외 선교, 두 단체로 나누는 것은 옳지 않게 여겼다. 또한 국내 교회가 힘을 얻지 못하면 해외 선교를 포함한 다른 활동도 위축될 것이고, 넓게 보면 연합회에 속한 여성들 중 국내 선교에 관심 있는 사람들도 있었다는 것이다.

1911년 매우 성공적인 바자회가 멜버른 투락의 '오타와'에서 열렸고, 수익금 중 3분지 2인 1,500파운드를 국내선교위원회의 설교부서에 기부하고, 나머지는 사회봉사부에 헌금하였다.

첫 번째 모임은 1913년에 열렸다. 각 지부는 동시에 질문을 제기하고 있었다. '우리는 도대체 무엇을 하여야 할까?' 1913년 3월 심사숙고 끝에 그리고 공동위원회에 주어진 시간 안에, 국내선교회와의 새 협의가 거의 반대 없이 드러났다.

"빅토리아여선교연합회는 국내선교부와 교회확장 기금을 창설하고, 모든 지부에 그들의 재정적 기부를 이 기금을 통하여 빅토리아 국내선교부에 수여하도록 한다."

같은 해 일반 재정의 향상을 위하여 각 지부에 모금을 한 번 더 하도록 하였다. 선교사들의 수가 증가하고 있었고, 한국에 세운 학교들이 원래보다 더 재정을 소요하고 있었다. 또한 한국에 세우는 건물들을 위하여 돈이 더 필요하였다. 이 새로운 일들을 하면서 회원 수의 증가와 헌금이 더 필요하게 되었고, 이 해 표어는 '앞으로 전진하라' 였다.

그해 당시에 즐거웠던 일 중의 하나는 국내선교사들이 겨울에 공부를 위하여 멜버른에 왔을 때 그들을 접대한 일이다. 하루 저녁은 그들이 임원들과 친교의 시간을 가졌을 때, 선교 시 필요한 일들을 이야기할 기회를 가졌고, 또한 여선교연합회의 활동에 대하여 들을 수 있는 시간이 있었다. 이런 방법으로 도움이 되는 많은 생각들이 발전되었고, 이러한 친교 시간의 영향이 지금도 계속되고 있다.

국내 선교를 위하여 모금된 재정은 어떤 방법으로 배당되지는 않았는데, 교회의 여성사역자인 디컨들을 여선교연합회가 특별히 돌보아 주어야 한다는 의견이 명백하게 나타났다. 이것은 어려운 문제로 디컨들은 다른 독립된 위원회에 속하여 일을 하고 있었기 때문이다. 그러나 1927년 그들은 연합회의 책임이 되었다. 아직 확실한 액수는 약속되지 않았지만 2,000파운드를 목표로 하고 있다.

국내 선교 기금 회계는 엘더 여사, 스튜어트 양, 데이비스 양, 그리고 라이얼 부인이다.

다양한 활동

어떤 이는 모금을 하고, 어떤 이는 홍보를 하고, 여러 가지 일들이 매해 진행되었는데 특히 스트라첸 여사에게 빚을 많이 진 것은 위급한 상황 때마다 그녀에게 도움을 청하였기 때문이다. 그 첫 번째가 월간 「빅토리아여선교연합회의 크로니클」, 지금은 「더 미셔너리 크로니클」 선교 잡지이다. 첫 호는 1906년 11월에 발간되었다.

그전에는 선교사들에게 편지가 오면 복사를 하여 각 지부에 보내 회의 시 읽도록 하였다. 그러나 그 편지들이 항상 판독하기 쉬운 것은 아니었다. 하퍼 회장은 다음과 같이 언급하였다.

"지난 몇 년 동안 우리는 우리 자신의 잡지 발간 필요성을 느끼어 왔다. 특히 시골에 있는 우리의 회원들이 서로의 사역을 잘 알 수 있어야 하는데, 우리는 준비가 되지 않아 창간을 미루어 왔다. 그러나 현재는 진행하라는 주님의 명령이 있다고 우리는 확신하며, 주님을 위하여 하는 일은 실패가 없다고 굳게 믿고 있다."

첫 편집인은 번즈 여사였는데, 그녀는 70이 넘었음에도 이 새로운 일을 맡았다. 그 이후 캠벨 양, 캠프 양, 번즈 목사 부부 그리고 워든 양이 그 뒤를 이었다.

'크로니클'은 모금을 위한 프로젝트는 아니다. 그러나 재정적으로 자립은 하였고, 연합회 사역의 한 본질이 되었다. 이 월간지는 연합회 사역이 계속 살아나도록 하는 주요한 수단이 되었다. 크로니클에는 퀸즐랜드 여선교연합회 소식도 오랫동안 실렸고, 최근에는 빅토리아 해외선교부 소식도 실리기 시작하였다. 이들의 소식도 이 잡지에 대한 흥미를 더 확장시켜 주었다. 사업부를 담당한 여성들로 인하여 이 일이 신실하게 진행되었다.

다음 사업 계획은 '선교사 만남의 장소와 찻집'을 운영하는 일이었다. 1908년의 분기별 모임에서 페이튼 목사는 해외선교위원회로부터 다음과 같은 안건을 가져왔다. 선교사 만남의 집을 조직하라는 것이었다. 이번에는 미루지 않았다. 한 주 후에 특별 전체 모임이 소집되었고, "비가 억수로 쏟아짐에도 많은 회원이 참석하였다"(이 모임은 특별한 모임이었음을 명시한다. 국내선교위원회 회원들이 도움을 청하며 모였으며, 핸더슨 양을 조직 총무로 선출하였다).

멜버른 시내 콜린스가에 아주 적절한 장소를 빌릴 수 있다는 보고가 있었고, 해외선교위원회가 반 이상의 세를 책임지겠다고 하였다. 나머지는 그들의 친구들이 맡을 수 있었다. 이 모임의 결과로 7월 18일 선교사 만남의 장소가 개원되었고, 와이어 총회장이 예배를 집례하였다.

이 집은 편리하지는 않았지만 화장실이 있었고, 식당이 있었다. 회원들은 이곳을 많이 이용하였다. 매니저에게 약간의 수고비를 지불하였지만, 대부분의 일은 자원봉사로 인하여 이루어졌다.

1915년 현재의 총회 회관이 완공되었다. 그리고 회관 지하를 차도 마시고 식사도 할 수 있는 티 룸 즉 찻집으로 사용하도록 하였다. 1935년에는 한 층을 더 올렸는 바, 제일 위층에 가구가 달린 아름다운 라운지를 재정부가 제공하였다. 이곳이 연합회와 장로교여성협회 회원들이 조용하고 편하게 쉴 수 있는 가장 좋은 공간이 되었다.

지난 32년 동안 여성과 소녀들이 티 룸에서 손님을 기다리며 봉사하였다. 그러나 지금은 몇 명의 유급 직원이 필요하지만, 높은 임금 비용을 아끼려 자원봉사자들의 헌신은 계속되고 있다.

초기에는 티 룸에서의 판매 이윤이 적었다. 그러나 총회 회관으로 이사를 한 후에는 손님들이 더 올 수 있었고, 더 편리하였다. 판매 이윤은 여선교연합회와 해외선교위원회 기금으로 들어갔다. 예를 들어 1920년 3월 31일 한 해가 끝날 때, 수입이 3,828파운드였고, 기부는 일반 재정에 425파운드, 국내와 해외 선교에 각 100파운드, 은퇴 선교사에게 약간의 수고비 그리고 선교전시회에 44파운드를 대여해 주었다. 이월된 잔액은 217파운드였다.

다른 해도 거의 비슷하였다. 그러나 이런 시절은 지나갔다. 경쟁, 임금, 음식의 원가 등이 상승하므로 큰 수익을 얻는 것은 불가능하다. 수입과 지출을 맞추기가 종종 어려워졌다. 그러나 현재의 책임자 맥린 여사와 그녀의 위원들과 자원봉사자들이 훌륭한 봉사를 사회에 제공하고 있어, 교회의 가장 필요한 친교의 장소로 계속될 것이다. 선교를 위하여 언젠가는 다시 소득이 올라갈 수도 있으니 말이다.

또 다른 사업은 1923년 세워진 산업 매점 운영이다. 이때부터 콜린가 근처의 한 방에서 운영되어 오고 있다. 산업 매점의 목적은 통영의 산업학교 소녀들의 바느질 물건들을 판매하기 위해서이다. 소녀들은 한동안 자신들의 학교 학비 일부분을 충당하기 위하여 수공예 물품을 만들었다.

동래의 농업실수학교가 세워졌을 때, 두 번째로 바느질 물건이 많이 공급된 곳이기도 하다. 또한 여러 아시아 국가에서 예쁜 물품들이 수입되었을 때, 우리 매대에서뿐만 아니라 자원봉사자가 있는 빅토리아의 여러 단체에서 판매하였다.

여러 해 동안 매해 한 번씩 멜버른홀에서 이런 물건들을 판매하거나 전시도 하였다. 또한 각 지부나 노회 협의회에서 모임을 가질 때 수공예 물품을 팔도록 허락되었다. 장로회여성친교회와 장로교 학교들도 한 꾸러미를 가지고 갔다. 이것은 물론 한국 소녀와 여성들의 형편을 동정하며 시행된 것인데, 이런 방법으로 그들은 그들의 삶에 의미를 더 할 수 있었다.

현재는 여기에 여러 어려움이 있다. 물건이 들어오지 못하고 있고, 전쟁 시에는 수입이 금지되기 때문이다. 상점마다 경쟁도 심하지만 많은 친구들의 지원 덕분으로 아직은 소녀들을 지원하기 위하여 송금을 계속하고 있다.

여선교연합회는 고유의 배지가 있다. 초기의 배지는 컸고 인기가 별로 없었지만, 1935년 제작된 배지에는 샌앤드류의 십자가와 여선교연합회 약자가 있는 작고 깔끔한 디자인이었다. 이 배지의 판매로 매년 적은 기금이 들어 왔고, 이 배지는 종종 회원들을 하나로 결속하는 시작점이 되었다.

관계

빅토리아여선교연합회는 총회의 축복으로 시작되었다. 그리고 해외선교위원회 위원장과 위원들은 항상 도움과 자문을 주어 왔다. 그러나 여선교연합회의 선교는 여선교연합회가 해왔으며, 우리는 남청년친교연합회와 더불어 해외선교위원회보다 앞서 나갔다. 해외선교위원회는 1909년부터 한국에 선교사를 파송하기 시작하였던 것이다.

이것은 행정적으로 어려운 조금 독특한 상황이었는 바, 적은 수의 선교사들이 고향 교회의 서로 다른 두 단체에 충성을 하여야 했기 때문이다. 상황이 매우 나아지게 된 계기는 해외선교위원회가 남친교연합회를 관할하면서부터인데, 여전히 친교연합회로부터 지원을 받았다. 또한 한국에서는 선교사 공의회가 만들어져 그것도 도움이 되었다.

첫 번째 공의회는 1909년 열렸다. 공의회의 모든 결정은 해외선교위원회와 여선교연합회에 통보되어 비준을 받았고, 그 반대 경우도 마찬가지이었다. 최근에는 두 위원회의 임원들이 함께 모여 공의회의 회의록을 공유하였다.

또한 두 위원회는 각자의 회의에 서로 대표를 파송하여 가깝게 일하였고, 더 나아가서 두 단체가 하나가 되어야 한다는 의견이 제기되었다. 교회 안에 해외 선교를 위한 두 개의 다른 모금 활동의 어려움으로 인함이었다. 몇 번이나 연합의 안건이 준비되고 토론되었으나, 문제는 해결되지 않았다. 해외선교위원회에는 유익이 되겠지만 여선교연합회의 자치적인 훌륭한 사역에 해가 미칠까 하는 염려에서였다.

이 안은 결국 어떤 결론에도 도달하지는 못하였지만, 두 단체의 연합 선교는 아름다운 하모니를 이루었다. 예를 들어 예전에 해외선교위원회가 지원하였던 진주 배돈병원의 여직원들을 여선교연합회가 책임을 맡으므로 실제적인 도움이 된 것이다.

국내선교위원회와의 관계는 다른 성격이었다. 여선교연합회가 디컨들을 위하여 모금한 재정은 여선교연합회가 관리하였고, 해외선교위원회는 행정을 담당하였다. 여선교연합회와 장로회여성협회와 같이 여기에도 서로의 위원회에 대표를 파송하였다. 여선교연합회는 또한 다음의 단체들에 대표를 파송하였다. 길도난, 유태인, 공적 질문 그리고 디커니스협회이다.

동시에 여선교연합회는 다른 주의 여선교연합회와 매우 친밀한 관계를 가져왔다. 오랫동안 퀸즐랜드 여선교연합회는 레잉 선교사를 지원하여 왔고, 소녀 자원봉사대는 프란시스 선교사를 책임 맡았다.

퀸즐랜드 여선교연합회는 자신의 주에 있는 국내 선교와 원주민 사역의 큰 책임으로 인하여, 후에 한국 선교로부터는 철수하였다. 그러나 그들은 여전히 한국 선교에 깊은 관심을 가지고 있으며, 전도부인 한 명을 지원하고 있다.

한국교회에서 호주를 방문한 몇 사람들의 기회를 통하여 한국교회와의 관계가 강화되고 있고, 호주교회가 그들을 기억할 것이다. 김호열, 양한나, 이 박사(이준철 박사를 지칭하는 듯하다 _역자 주), 이약신 목사, 간호사 손옥순과 이영복 그리고 짧게 방문한 이삼남이다.

위대한 모임

빅토리아여선교연합회의 특징 중 하나는 여성들이 주 전체적으로 함께 모이는 열정이다. 연합회의 연례 모임에 총회 총회장이 참석하는 것은 이제 정례화되었고, 총회장은 자신 앞에서 얼굴을 들고 영감적인 모습으로 청취하는 여성들에게 한두 번 연설하였다.

또한 우리의 선교사들을 파송할 때와 또 그들을 맞이할 때 우리는 종종 모였으며, 호주교회의 총회가 멜버른에서 열릴 때 여선교사들의 모임도 있었다.

1921년과 10년 전 40주년 연합회의 생일을 맞이하여 특별한 대회가 열렸다. 50주년을 축하하는 행사는 투락교회에서 열렸는데, 이 교회는 시작부터 가깝게 함께하였다. 이런 모임들은 회원들에게 영감을 주고 하나로 묶는 큰 영향을 미쳐왔다.

노회의 연례 모임과 대회는 아마도 그중에서도 가장 큰 영향을 미쳤다. 시골 지역의 여성들은 도시의 여성들보다 친교의 시간이 더 필요하였기 때문이다. 그들은 먼 거리도 마다하고 자신의 비용을 들여 참석하였으며, 때로는 집에서 먼 장소에서 숙박까지 하였다. 그리고 그들은 새로운 열정으로 자신들의 지부로 돌아가 일을 계속하였다.

성장

첫 번째 여선교연합회의 연례 보고서는 다음과 같이 끝을 맺고 있었다.

"장로교회에 속한 모든 여성들은 여선교연합회의 회원이 되어야 하고, 그리스도를 위하여 함께 전진해야 한다."

국내 선교도 재정 지원해야 한다는 안건을 토론할 때, 이 새로운 책임을 안전하게 이행하기 위해서는 회원 수를 늘려야 한다는 이야기가 나왔다. 이때 한 표어가 제안되었는바, '교회의 전체 여성들을, 교회의 전체 선교를 위하여'였다.

이 포부는 달성되지 못하였지만, 자신들의 지부를 갖지 못한 교회는 거의 없었다. 최근의 기록은 전체 지부의 수가 334개이다. 발전하는 시골 지역이나 도시 구역에 새 교회가 창립되면 지부는 계속하여 설립되고 있다. 직업여성이나 또는 오후보다는 저녁을 더 선호하는 여성들을 위하여 저녁 지부가 설립되는 현상도 고무적인 일이다. 이런 모임은 1932년 처음으로 생겨났고, 현재는 8개 지부가 있다.

그런가 하면 선교에 열정은 있는데 어떤 지부에도 속할 수 없는 시골 지역의 여성들이 있다. 이러한 '외로운 회원'은 크로니클 선교지나 서기인 풀라의 편지를 통하여 관심을 지속하였다. 약 100명의 회원이 이런 상태이며, 그들은 올해 30파운드 모금을 목표로 하고 있다.

물론 각 지부에는 회원 수를 더 늘릴 공간이 있다. 만약 앞으로 50

년 동안 새로운 회원이 많이 들어오면 교회와 연합회를 성장시키는 수단이 될 것이다.

지난 50년 동안 국내 기지에서 진행한 선교 내용을 간략하게 소개하였다. 크게 어려운 때도 있었고, 지금은 잊혔지만 오해가 있던 적도 있었다. 선교사를 잃어버려 크게 상심한 때도 있었지만 하나님은 항상 채워주셨다.

국내 선교 사역의 엄숙한 선언을 하였던 1913년 연례 모임에서 나온 말이 여선교연합회 사역의 전반을 대변한다 할 수 있다.

"이 기회는 고귀하고 또 영원히 여선교연합회 역사에 남을 것이다. 오늘 아침 우리 재정에 처음으로 작은 적자가 나타났다고 회계가 주의를 주었다. 그럼에도 불구하고 연합회는 국내선교위원회와 파트너의 책임을 감당하기로 받아들였다. 새로운 계획이 상세히 준비될 때까지는 불가피하게 재정이 분산될 수 있다는 위험을 알았음에도 말이다.

그럼에도 불구하고 분위기는 즐거웠다. 모두에게 분명하였다. 강사들은 긍정적인 톤으로 말하였고, 참가자들의 반응으로 인하여 양양되었다. 그 비밀은 우리 여선교연합회 사역의 시작부터 소녀나 여성이나 주님의 발아래 엎드렸고, 예배에서 힘을 찾았고 그리고 모두의 마음은 알고 있었다. '우리는 시각이 아니라 신앙으로 걷는다.'"

우리 회원들은 우리의 힘이 하나님으로부터 온다는 것을 깨닫고 있었고, 우리가 기도하는 대로 그분은 자신의 일을 위하여 우리에게 힘을 주시고 그리고 우리는 성공하고 있었다.

한국에서의 선교

빅토리아여선교연합회는 이미 언급한 바와 같이 인도, 호주의 마푼과 와이파 그리고 멜버른의 중국인 사이에 일하고 있었다. 또한 뉴헤브리디스와 해외선교위원회의 모든 영역에도 관심이 많았다. 거기에다 국내 선교까지 더 하였다. 그럼에도 연합회의 주요 사역은 항상 한국의 여성사역이었다.

우리의 첫 선교사들은 1891년 10월 12일 부산에 도착하였다. 멘지스 양, 페리 양 그리고 파셋 양이었고, 피셋은 후에 결혼을 하고, 페리는 독립적으로 일하게 된다. 1892년 무어 양이 멘지스와 합류하였고, 1895년에는 엥겔의 아내가 되는 브라운 양도 합류한다. 이들이 1890년대의 우리 직원들이었다.

슬픈 날도 있었는바, 친교연합회 선교사인 메케이 목사 부인과 또 아담슨 목사 부인이 부산에서 사망하였기 때문이다. 이들은 헨리 데이비스 목사의 무덤 근처에 묻혔다. 또한 메케이가 초기부터 몸이 안 좋아 멘지스와 무어만 남게 되었다. 이 당시에는 우리 선교부와 같이 이 지역을 선교한 미국 선교사들의 친교가 의심할 나위 없이 큰 도움이 되었다.

호주선교사들은 도착한 지 얼마 후에 부산진에 초가집을 살 수 있었고, 잘 알려진 여행가 이사벨라 버드(비숍 부인)가 이곳을 방문하였다. 그녀는 다음과 같이 적고 있다.

"호주선교사들은 잘 있고 행복해 보였다. 작은 아이들이 그들의 치마에 매달리고 있었고, 몇 명의 한국 여성들이 외모와 습관을 깨끗이 한 모습으로 함께 있었다. 이들은 친절하였고, 거리에서의 나쁜 말도 멈추어 있었다. 많은 여성들이 여선교사들에게 병 치료 도움을 구하였고, 작은 도움이라도 그들과 관계를 맺는데 유익하였다. 이러한 친절하고 문명적인 영향은 매우 혐오스러운 환경에서 일 년 동안 산 결과였다."

그리고 얼마 안 가서 초가집은 좀 더 편한 서양식 집으로 바꿀 수 있었다.

한국어도 당시에는 어떤 도움도 없이 배워야 하였고, 비숍 여사가 언급한 대로 처음에는 선교사에 대한 불신과 적대가 있었고, 강한 미신도 있었다. 한국인 여성들은 문맹하였는데, 선교사들은 여아들을 모아 읽기를 가르쳤다. 이것은 당시 없던 일이었다. 어떤 부모들은 제안하기를 만약 선교사들이 자신들의 딸을 가르치려면 자신들에게 돈을 내야 한다고 하기도 하였다.

기근이 발생하자 어린 고아 3명을 선교사들의 집에 들였다. 그리고 이 아이들이 잘 자라자 부모들은 자신의 아이들도 배우게 하면 좋겠다고 생각하였다. 1893년 그렇게 학교가 시작되었다. 페리는 고아 소녀들을 도와달라고 고향에 편지를 썼고, 그렇게 미우라 고아원이 세워졌는데 우리 연합회의 첫 자선 기관이자 첫 교육기관이 되었다. 1894년 두 명의 젊은 여성과 한 명의 젊은 남성이 선교부의 첫 회심자였고 세례를 받았는데, 이때부터 선교는 점점 성장하였다.

현실은 당시 선교사들이 몇 명 안되었고, 또 각각 다른 단체에 책임이 있어 문제가 발생하였다. 1900년 연합회는 인도 선교사였던 엥겔 목사를 파송하였고, 경남지역 선교 전체를 관할하게 하였다. 이 방법으로 선교사역이 시골 지역에도 좀 더 진행할 수 있게 되었다.

당시에는 부산에 선교부가 있던 미국 장로교가 경상도 시골 지역을 담당하고 있었기에, 아담슨은 부산 서쪽 지역, 엥겔은 부산 동쪽 지역에 집중하였다. 아담슨은 여전히 부산진과 부산 시내 사이의 초량에 살고 있다.

1902년 청년친교회에서 커를 박사를 한국에 보냈고, 1905년 진주에서 병원을 시작하였다. 영역이 확장되자 여선교사가 더 필요하였고, 니븐 양과 켈리 양이 1905년, 스콜스 양이 1907년 파송되었다.

1907년 1월, 한국의 북쪽 평양에서 4개월 동안의 기도 후에 대 각성 부흥운동이 일어났다. 첫 번째 영향은 죄에 대한 새로운 자각인바 회개와 용서가 있었다. 신자들은 다른 사람들도 구원을 받아야 한다는 열망이 있었고, 많은 사람이 기도하거나 전도하였다. 2년 후에 한국 북단에서도 여선교회가 시작되었다.

우리의 남쪽 지방은 그들만큼 크게 영향을 받지는 않았지만, 기독교의 의미가 무엇인지 새로운 깨달음이 있었고, 이때부터 우리 선교부의 보고서는 '빠른 전진', '희망적이고 격려되는 전망', '한국남단의 각성', '성령의 역사'에 대하여 말하고 있고, 보고서 마지막에는 공통적으로 '선교사를 더 보내 달라'라고 외치고 있다.

그리고 그 외침은 흘려버려지지 않았다. 커를 박사는 1909년 휴가를 갔는데, 이 외침을 호주 고향에 전하였다. 그는 빅토리아교회가 미국 선교부로부터 더 많은 지역을 인수해야 한다고 말하였다.

이 당시는 개신교회 안에 남성들의 운동이 크게 있었는데, 평신도 선교사운동 단체는 어디에서나 관심을 끌기를 원하였다. 1910년은 선교의 위대한 해였는 바, 첫 세계선교대회가 에딘버러에서 열렸고, 이 운동의 대표들과 우리 친구들이 해외선교부 총무 페이튼 목사와 함께 동방을 방문하였다. 그리고 그들은 중국, 일본 그리고 한국에 대하여 조사를 하였다.

이 여정의 끝에 그들은 우리의 선교사들과 긴 모임을 가졌다. 먼저 그들은 일주일 동안 대회와 기도의 시간을 가졌고 그리고 호주선교사 공의회로 모여 선교정책 전반에 대하여 토론하였다. 그 결과 그들은 우리 선교사의 수를 더 늘릴 것을 제안하였는데 남성은 7명에서 17명으로, 여성은 10에서 16명으로 제안하였다. 이 추천 사항은 우리 교회에 엄청난 과제였지만, 여기에 대한 응답 이야기는 마치 로맨스를 읽는 것과 같았다.

이 소책자 마지막 부분에 선교사들이 한국에 도착한 날짜를 명시하였는데, 놀라운 일은 1914년부터 1918년 1차 세계대전 동안에 파송한 명단이다. 당시는 우리의 적군들이 태평양에서 왕성하게 활동하고 있었던 때이다.

지출이 자연적으로 상승하였고, 해외선교위원회는 매년 3,500파운드와 함께 건물비용으로 6,200파운드가 더 필요하였다. 여선교연합회는 매년 1,300파운드와 건물비용 3,260파운드가 더 필요하였다. 전도, 의료 그리고 교육 사역까지 더 확장한다는 계획이었다. 목록에는 유치원부터 시작하여 평양의 신학교까지 있었다.

그럼에도 호주교회는 그것을 목표로 삼았고, 선교사로 가겠다고 자원을 하였고, 멀게 보면 1910년 방문한 대표단의 비전이 거의 현실화되었다. 1913년 우리 호주교회는 경상남도 전체 지역을 미국교회로부터 인수하였다.

호주선교회와 건물들

이미 언급한 두 번째 선교부는 진주에 세워졌고, 아담슨은 1911년 마산포 혹은 지금의 명칭 마산으로 이전하여 자신의 대부분 사역을 그곳에서 진행하였다. 1913년 거창과 통영에서도 선교부가 시작되었고, 이 도시들 주변 지역으로 사역이 확장되었다. 새 선교사들을 위한 새집 건축은 대부분 몇 년 안에 다 이루어졌다. 학교 건물도 건축되었다. 첫 학교는 매우 저렴하게 공사하였고, 후에 재건축되었다. 각 선교부는 현재 모두 몇 개의 유치원과 좋은 건물을 소유하고 있다.

진주 배돈병원 건물에는 특별한 이야기가 있다. 진주에 병원을 세우고자 하는 커를 박사의 꿈이 있었고, 페이튼 여사를 기념하기 위한 건축은 여선교연합회의 계획이었다. 몇 년은 그냥 흘렀지만 커를이 호주에 휴가로 왔을 때 캠프 씨에 의하여 만들어진 설계도를 가지고 홍보를 다시 시작하였다. 당시 맥라렌 박사와 클라크 간호사도 함께 일할 것을 이미 생각하였다.

1911년 병원 건축은 시작되었고, 거의 완공이 될 무렵이었다. 1912년 2월 21일 어둡고 비가 오는 밤, 불이 났다는 외침이 있었다. 모두들 병원으로 달려갔지만 5분도 안 되어 전체 건물에 불이 붙은 것 같았다. 어렵게 병원 한 동과 바깥에 있던 바닥재는 구할 수 있었으나, 지붕, 문 그리고 창문은 모두 태워졌다. 500파운드 정도의 재산 손실이 있었다. 병원을 개원하지 못한 것으로 인한 깊은 실망이 있었다.

이 소식은 멜버른에 전보로 전하여졌다. 그리고 3개월 후인 5월 말 전에 피해를 보수할 충분한 비용이 모금되었다. 그리고 배돈병원 건축은 계속되었다. 그러나 완공은 좀 더 연기되었는데 훈련된 기술자가 없었기 때문이다.

첫 번째 입원환자를 1913년 10월에 가서야 받을 수 있었다. 그리고 이 해 11월 4일 호주선교사, 교회 지도자, 일본 관리 50여 명, 경상남도 도지사가 초청되었고, 공식 개원식이 있었다.

정치 활동

모든 선교 이야기 뒤에는 극동지역 사람들의 정치적인 깨달음 역사가 있다. 우리 선교사들이 처음 한국으로 들어갈 때 조선의 왕은 여러 나라들과 무역협정을 맺어 길이 열려있었다. 그 전에 조선은 300년 동안 쇄국정책을 써 왔으며, 아무도 외국으로 나갈 수 없었고, 또 아무도 외국에서 조선 땅으로 들어갈 수도 없었다. 그러다 쇄국정책이 무너지자 조선은 그들의 땅을 탐내는 외세에서 자신을 보호할 아무런 장치도 없었다.

조선의 왕은 어릴 때부터 왕위에 올랐으며 심성이 약한 남성이었고, 침략자들의 자비에 의지하였다. 조선 반도는 일본과 다른 아시아 나라와의 일종의 다리였으므로, 주변국은 호시탐탐 정복하기 원하였다. 1894년의 청일전쟁이나, 1904년의 러일전쟁 시 조선은 무력했으며, 우리가 아는 대로 일본이 승리하였다.

한국 독립이 더 멀어지는 것처럼 보였다. 1905년 한국 정부의 내각은 일본이 한국의 보호국이라는 문서에 서명을 하도록 강제 당하였다. 1907년 왕은 폐위되었다. 그 이유는 왕이 헤이그에 밀사를 보내어 보호국을 부인하도록 하였다는 것이다. 그의 아들은 연금 당하였고 한국은 1910년 일본에 의하여 합병당한 것이다.

그 후 10년 동안 여러 항거와 소요가 있었다. 현재의 정부가 지난날의 정부보다 더 효과적이라는 데에는 아무도 부인하지 않는다. 도로와 기찻길이 생기어 다니기 편해졌고, 엄청난 토양침식과 싸웠고, 교육과 의료 혜택이 점차로 생겨났고, 많은 물질적 혜택도 부여되었다.

이 모든 것을 인정하지만 독립을 잃었다는 사실에 사람들은 통곡하였고, 자신들의 국가적 죄와 약함이 원인이었다고 느끼고 있었다. 그리고 이런 상황은 기독교 복음의 메시지를 전달하는 데 도움이 되었다.

그리고 1920년 일본 제국으로부터 벗어난다는 희망은 멀어졌고, 사람들은 자신들의 자녀 교육에 강한 욕구를 가졌다. 우리 미션 스쿨은 학생들로 넘쳐났다.

한국교회

한국이 대부분의 다른 아시아 국가들에 비하여 늦게 외국선교사를 받아들임에 따라, 초기 개척자들의 경험이 큰 자원이 되었다. 예를 들어 장로교나 감리교 선교는 한국을 둘로 구분하여 선교지가 겹치지 않도록 하였고, 장로교는 자치, 자급, 자전의 교회를 계획하였다.

첫 한국인들이 목사로 안수받게 되자마자 노회가 설립되었고, 노회 안의 한국인 장로 수가 선교사의 수를 넘어갔다. 1912년에는 총회가 창립되었고, 한국인 총대가 점점 우세하여졌다.

지금은 완전히 조직된 한국장로교가 있고, 자신들의 책임과 권위를 알고 있다. 선교부는 그들의 자립을 위하여 한국인 목사의 봉급이나 교회 설립 재정은 돕지 않았다. 새로운 사역을 시작하거나 개척교회 돌보는 것을 도와주기는 하여도 목사를 지원하는 것은 한국교회에 남겼다. 또한 한국교회가 스스로 전도하도록 하였다. 모든 기독교인은 전도를 의무로 하도록 하였고, 세례문답 시 누구에게 전도한 경험이 있는지 물었다. 이런 방법으로 교회는 성장하였고, 복음을 전하려는 열심히 클 수 있었다.

한국인 7명이 최초로 목사 안수를 받을 때, 그들이 할 일이 많음에도 한 명을 따로 세워 미전도지역인 제주도로 파송한 것이다. 그 후에도 안수자 중에 블라디보스토크로 보내거나, 1912년 총회의 해외선교부가 세워졌을 때 중국의 산동 지역에 선교사를 파송한 것이다. 한국에서의 성공적인 방법을 그곳에 소개하여 좋은 결과를 얻었고, 한국여전도회에서도 최근 그곳에 여선교사를 보냈다.

전도 사역

모든 사역이 마치 전도, 교육, 의료, 구제 등으로 나뉘는 것처럼 보이지만, 사실은 모든 것이 전도를 위한 목적이다. 학교, 병원 그리고 가정은 모두 복음 전도를 위한 출입구이다.

비숍 여사가 이미 초기에 본대로 세 가지 방법은 서로 연결되어 있고, 성경을 요약하여 가르치는 것이 사역의 주요 부분이다. 부산진에서 가가호호 방문하는 일도 많았지만, 시골 마을 방문도 곧 시작되었다. 그 당시 순회는 대부분 가마를 타고 다니거나, 나귀 등에 타거나, 걸어가야 하였는데 어렵고도 힘든 여정이었다. 또한 한 번의 전도 여행은 집과 그 안락함을 두 주 정도 떠난다는 의미이다.

1908년 무어 선교사가 쓴 편지에 순회전도가 어떤 것인지 조금 보여주고 있다.

"걸어 다니는 순회전도는 우기에 특별히 어려운데 폭우와 넘쳐나는 시냇물 그리고 무릎까지 차오르는 물을 종종 넘어 다녀야 하였다. 가는 곳마다 어린이들은 우리를 보며 좇아다닌다. 사람들은 머리를 숙여 인사를 한다. '안녕하세요. 오랜만에 오셨네요. 오늘 우리는 하루 종일 당신을 기다렸습니다.'

우리의 첫 숙소에서는 한 가정이 작은 방으로 우리를 안내하였다. '무어 부인, 우리는 이것을 당신을 위하여 준비하였습니다. 공기가 통할 수 있도록 작은 창문이 있는 방입니다.'

이들의 사랑스러운 배려는 나를 압도하였다. 넘쳐나는 시냇물이나 이들의 딱딱한 방바닥도 내가 이곳에 오는 것을 막지 못하였다."

그러나 모든 숙소가 이렇지는 못하였다. 다른 순회 전도에서 무어는 다음과 같은 경험을 하고 있다.

"높은 산을 6마일 정도 올라가 우리는 한 마을에 다다랐다. 이곳에 우리는 머물 생각을 하였다. 그러나 이 마을에는 우리를 환영하는 사람은 없었다. 3마일을 더 걸어가라는 충고가 있었고, 그곳에 편한 여관이 있다고 하였다. 우리는 그 충고를 따랐다. 그러나 그 여관은 실패였다. 밤새도록 우리는 벌레에 시달렸다."

이 순회전도는 위대한 결과를 가져왔고, 새로 믿는 사람들이 생겼다는 소식은 계속 보고되었다. 이 활동은 또한 그곳 사람들을 알고 이해할 수 있는 기회가 되었다. 아담슨은 말하기를 순회전도자는 여러 종류의 사람을 개인적으로 만나므로 그들의 어려움이나 의견 그리고 종교관까지 직접 알 수 있으며, 이 지식을 바탕으로 좋은 전도를 할 수 있다고 하였다.

아담슨은 다음과 같이 말하고 있다.

"한국인은 소극적인 사람들이 아니다. 그들은 자신의 놀라운 언어 은사를 보여줄 준비가 되어 있으며, 친절하고 동정적인 이야기를 들을 준비도 되어있다."

선교사가 어떤 마을에 처음으로 복음을 전하면 그곳 사람들의 마음에는 다른 사람이 채울 수 없는 그 무엇이 남게 된다.

초기부터 여선교연합회 순회전도자들의 관습은 한 마을에 어느 정도 머무는 것이다. 그리고 여성들을 위하여 4-5일 성경공부를 인도하는 것이다. 먼저 그들은 읽는 것부터 배워야 하였으며, 성경과 찬송가가 그들의 교과서였다. 여선교사들은 항상 전도부인과 동행을 하였고, 전도부인들은 처음에 교육이나 훈련이 거의 안 되어 있었다. 그러나 그들은 열정과 헌신이 있었고, 대부분은 말의 은사가 있어서 그들이 주로 설교나 전도를 하였다.

방문 요청은 보통 마을로부터 온다. 마을의 어떤 사람이 복음서를 접할 기회가 있었거나, 혹은 어떤 사람이 다른 마을의 기도처를 방문하였거나 할 때 더 알기를 원한다.

니븐은 전도부인이 비신자 마을을 방문하였을 때, 그 기회를 어떻게 사용하는지 말하고 있다. 한번은 조상 제사의 날이었는데, 한국인들에게는 공휴일이었다.

"어린이들은 가장 좋은 옷을 입고 널을 뛰며 놀았고, 여성들은 마실을 가거나 동네 구경을 다녔다. 여성들이 우리 선교사의 집도 방문하였다. 전도부인이 데리고 온 15명의 여성과 어린이들을 이층으로 안내하게 하였다. 다 구경을 시켜주고 전도부인은 그들이 거실에 앉게 하였고, 전도를 시작하였다. 예수님을 믿으면 이 집보다 더 좋은 집으로 갈 수 있다고 설교하였다!"

방문한 여성들은 이 집이 마치 '천국과 같다'고 하였다. 예수님이 자신을 사랑하는 사람들을 위하여 이 집보다 더 좋은 집을 준비한다는 말씀을 들은 여성들은 탄성을 지르기도 하였다." 이런 여성들이 그들의 마을에서 교회를 시작하기도 한다는 것이다.

다섯 개의 선교부가 경남지역에 설치되었을 때, 이 지역 전체를 미국 선교부로부터 이양받았다. 그리고 각 선교부에 순회전도 선교사 2 명씩 즉 총 10명을 배치하는 계획이 있었다. 1927년이나 1928년에 그 목표 수치에 육박하였지만 계획대로 되지는 않았다.

그 이후로 여선교연합회 선교사의 수는 거의 같았지만, 어떤 선교사는 건강의 이유로 순회전도를 마쳐야 하였고, 또 다른 선교사는 순회전도보다 제도권 사역을 하기도 하였다. 시골 지역 순회전도를 담당한 선교사는 다방면으로 사역한 알렉산더, 레잉, 호킹, 매카그, 테잇, 레가트 그리고 던이다.

순회전도가 예전처럼 육체적으로 고단하지는 않았다. 자동차가 나귀나 도보를 대신하였고, 도보로만 닿을 수 있는 마을이 줄어들었고, 숙박 사정도 예전보다는 나았다.

반면에 초창기처럼 사람들이 단순하거나 무지하지는 않고, 아직 접근이 용이하기는 하지만 경찰의 규정이 어려움을 주고 있다. 그럼에도 시골의 전도사역은 계속되고 있다. 아우만 양은 이 일에 열정적으로 뛰어들 준비가 되었고, 여선교연합회가 자격 있는 후보자와 지원할 재정만 있다면 더 많은 순회전도자를 파송할 수 있다.

현재는 잘 훈련된 전도부인이 있다는 사실이다. 어느 정도의 자문과 영감을 선교사들로부터 받으면 그들이 일을 잘 시행할 수 있으므로, 선교사의 부족을 어느 정도 대체하고 있다.

다른 지역에 있는 여성경학원과 고등성경학원에서 이 일을 위한 여성들을 많이 배출하였고, 올해부터는 우리의 지역에도 성경학원이 진행되므로 각 지역에서는 예비반이 시작된다. 이것은 우리 전도사역에 가장 중요한 부분이고, 교회를 세우는 하나의 도구이다.

다양한 종류의 공부반이 한국 사역의 특징이다. 그리고 사람들은 희망하는 공부를 하기 위하여 큰 어려움과 불편함을 감당해낸다. 초창기부터 시골 마을에서 연속 단기 공부반을 운영하였고, 일 년에 한 번씩 각 선교부에서 큰 집회를 조직하였다. 한 번은 남성들을 위하여 그리고 또 한 번은 여성들을 위해서 모였다.

어떤 때는 300명의 여성들이 주변 마을에서 몰려들어 일주일 정도를 함께 숙식하였다. 숙소는 비좁을 때가 많았으며, 때로는 앉아서 잠을 자기도 하였다. 현재는 이렇게 큰 모임은 지양하고 있다.

주일학교 사역도 중요하다. 그리고 이것은 어린이들만 위한 것은 아니다. 주일예배 전에 교사를 중심으로 둘러앉아 공부하는 어른들의 모습을 볼 수 있다. 할머니반, 할아버지반, 청년반 등이다. 한국교회는 성경을 알고, 기도를 믿는다. 새벽기도회는 지금도 계속되고 있다. 교회가 지금은 파도를 타고 있지만, 물속으로 빠질 것이라는 생각은 없다.

교육

우리의 신앙은 하나님의 말씀에 근거한다고 우리의 교회는 믿는다. 그러므로 우리는 그 말씀을 우리 자신을 위하여, 학교를 위하여, 특별히 소녀들을 위하여 일찍부터 배우는 것이 필요하다. 그러므로 각 선교부는 설립될 때부터 이 교육을 시작하였다.

교회가 모습을 갖추어 가고, 좀 더 깊은 교육이 교회 지도자들에게 요청되었다. 그리고 1910년경에 중등학교 설립이 계획되었다. 이 일을 위하여 데이비스와 캠벨이 선택되어 한국으로 파송되었고, 실현되기까지는 오랜 시간이 걸렸다.

일본 정부가 하나의 교육제도를 도입하였는데, 이것이 처음에는 우리의 학교 설립을 불가능하게 하는 것처럼 보였다. 그 이유는 종교교육의 배제였기 때문이다. 1916년에 이런 말이 나왔다.

"미래는 암울하다. 구름 뒤에 하나님 말고는 무엇이 있는지 아무도 모른다."

"어떤 이들은 말하기를 교육 사역을 계속하는 것은 소용없다고 한다. 왜냐하면 일본 당국이 언제든지 우리의 학교를 접수할 수 있기 때문이다."

그럼에도 우리는 학교를 세우고 교사를 파송하였다. 그리고 규정은 완화되었고, 1920년 한국인들에 의하여 교육의 열망이 표출되었을 때 우리 학교에 많은 학생이 들어 왔다. 우리는 그 학생들에게 성경과

목을 제공하였는데, 이것이 참 교육의 기초라고 우리는 생각하였다.

많은 것이 한국인과 일본인 교사의 성격에 달렸고, 특히 모든 가르침이 일본어로 되어야 하였다. 우리 선교사들은 한국어와 마찬가지로 일본어도 습득하지 못하였기에, 그들은 주로 학교 행정이나 감독을 맡는 데 그쳤다. 선택된 교사는 정부의 시험을 통과해야 하였고, 초창기에는 이런 교사를 찾기도 유지하기도 매우 힘들었다.

그럼에도 많은 이들이 자신의 일에 헌신하였고, 참된 기독교인들은 학교에서 선한 영양을 끼쳤다. 우리 선교부의 진주의 여학교 마지막 교장은 한국인인데, 이런 자격 있는 사람이 있다는 것은 40년 동안의 큰 발전을 보여준다.

부산진, 마산 그리고 진주의 초등학교 과정을 연장하면서 중등학교가 시작되었다. 부산진에서는 상급반을 위하여 판자로 지어진 임시 교실이 있었는데, 한국 친구들이 제공한 땅 위에 세워졌다. 이 교실은 그런데 너무 작았다. 동래의 유지들이 중등학교를 세울 수 있도록 자신들의 5에이커의 땅을 제공하였다. 이 중 많은 사람이 기독교인이 아니었다. 우리 선교부는 값을 지불하는 것이 지혜롭다고 여겼으나, 이들의 선한 의도로 인하여 착한 가격으로 부지를 구입할 수 있었다.

6,000파운드가 넘게 모금이 된 기금은 여러 개의 건물을 위하여 쓰였고, 우선적으로는 우리의 첫 회장이었던 제인 하퍼의 이름을 딴 중등학교에 지원되었다. 부산진의 교장 데이비스는 그녀의 학교를 동래로 옮겼다.

이 중등학교의 새 건물은 1925년 6월 20일 큰 기쁨으로 개교되었고, 예전보다 더 나은 환경에서 교육사역이 진행되었다. 그러나 자격이 있는 교사를 확보하는 것은 어려웠다.

우리 학교는 정부 교육기관으로부터 '승인'받기를 강력히 원하였다. 공식 승인이 되면 졸업생들은 졸업장을 받을 수 있고, 고등교육 기관으로 진학을 하거나, 아니면 추가 시험 없이 취업을 할 수 있었다.

동시에 학교는 미션 스쿨의 신분을 계속 유지하고, 교과 시간에 종교교육을 할 수 있었다. 학교 전체는 1932년 조사되었고, 그 특권을 확보하는 데 아쉽게도 실패하였다. 1933년 2월에 있었던 조사를 통과하기 위하여 성탄절 휴가 기간에도 일이 계속되었다. 결국 학교는 승인되었고, 일 년 후에 졸업한 여학생들은 그 혜택을 받을 수 있었다.

제인 하퍼 학교는 한국에서 두 번째로 승인받은 학교였고, 즉시 첫 번째로 혜택을 받을 수 있었다. 그리고 얼마 안 되어 입학하기를 원하는 학생 모두를 수용하기에는 교실이 충분치 않다는 것을 알았는데, 특히 정부 부서의 기숙사에 대한 다양하고 엄격한 규정 때문이기도 하였다. 또한 학교 운영은 비용이 많이 드는 사역이었는 바, 학생의 수가 두 배로 늘어나도 수입은 늘지 않는 구조라서 연 재정의 추가 비용을 충당하기 어려웠다. 문제가 떠오르자 대책에 관하여 토론이 있었지만 결국 학교 운영에 있어서 선교부는 배제가 되었다.

그 이후부터 입학하려는 신청자가 들어올 수 있는 자리 수보다 항상 더 많았다. 신청자는 시험을 보아야 하였고, 우리 선교부의 초등학교 졸업자도 모두 입학이 될 수 없어 아쉬웠다. 몇 개의 장학금이 있어서 기독여학생이 동래학교에 입학하도록 지원하였다. 호주의 목회자 협회 딸들과 장로교여성친교회 그리고 우리의 친구들이 이것을 책임 맡았는데, 큰 도움이 되었다.

이 학교의 최고 목적은 기독여학생들을 지도자로 훈련하는 것이었다. 믿지 않는 가정에서 온 여학생들은 비록 많은 여학생들이 점차로 기독교인이 되기는 하나 학교를 떠난 후 그들의 가정에 의하여 방해받기 쉬웠다. 대부분의 기독 교인들은 가난한지라 그들의 딸을 중등학교에 보내는 것을 어려워하였다.

동시에 부산진, 마산 그리고 진주의 초등학교는 훌륭한 학교 건물을 세웠지만, 이상적이지는 못하였다. 첫 교장이었던 스콜스를 기념하여 세운 진주학교는 얼마 후 공간이 불충분하여졌고, 8년의 교과과정을 보통의 6년 초등학교 과정으로 세 학교 모두 축소하였다. 1936년 개교된 부산진의 새 학교 건물은 짧은 시간 사용되었고, 마산에서는 해외선교부에 속한 '라이얼 기념학교'의 건물을 최근 사용하였다.

이 학교들은 항상 특정된 이름들과 연결될 것인 바, 부산진에서는 위더스, 마산에서는 맥피 그리고 진주에서는 클라크이다. 이들은 이들이 거주하는 선교부 지역의 교회 생활에도 위대한 영향을 미치었다. 선교부 시골 지역의 소녀들이 학교의 혜택을 받기 원하였는데, 초등학교와 중등학교는 교사와 학생이 함께 거주하는 기숙사도 있었기에 오히려 낮 반보다 더 선교사들의 영향을 느낄 수 있었다. 교육선교사와 학생들 간의 애틋한 사랑이 있었고, 그들 중에는 이제 중년으로 사회에 큰 영향력을 행사하고 있다.

학교의 많은 학생들이 주일학교의 교사가 되었고, 교회가 조직한 주일학교 외에도 마을에서 시작한 작은 학교와 그리고 때로는 그 마을의 개척교회 일도 학생들이 참여하였다.

첫 복지 사역도 학교의 학생들에게 시행되었다. 부산진의 거리에서 두려움과 경계 속에 구걸하던 꼽추 아이 장금이는 우리의 첫 학교 첫 학생이 되었고, 그녀의 신실한 사역으로 우리 회원들에게 이름이 알려졌다. 아직 일하고 있는 전도부인은 강신해와 지금은 하영애로 불리는 기화이다. 한 명은 진주병원에서 다리를 절단하였고, 다른 한 명은 시력을 찾기 위하여 우리를 찾았는데, 둘 다 진주학교의 기숙사에 입사하였다. 그리고 그곳에서 다른 곳으로도 갈 수 있었다. 절망적이고 쓸모없던 인생에서 유용하고 비교할 수 없을 정도로 용감한 여성들로 그들은 바뀌었다.

통영과 거창의 학교는 이 세 개의 초등학교 수준을 달성하지 못하였다. 이 학교들은 매년 준 초등학교로 등록하여야 하였고, 또한 어린이들로만 구성된 학교는 아니었다. 통영의 학교는 6살이 되어도 정부 학교 입학 승인을 받지 못하였거나 입학 기회를 잃은 아이들을 받았다. 또한 이 학교의 특징은 어렸을 때 교육을 받지 못한 젊은 여성들을 구하는 일이었다. 이것은 교육이라기보다 '복지 사역'에 더 가까웠다.

거창에서는 스코트가 교회 옆의 건물에서 학교를 운영하였다. 이 장소는 선교부에서 떨어진 곳이었다. 거창 시내에는 학교가 많지 않으므로 이 학교는 인기가 좋았고, 학생들로 넘쳐났다. 1938년 선교부 안에 새 학교가 세워졌다. 그러나 이 학교는 신사참배 문제로 갈등하다가 준 초등학교로 몇 개월 정도만 운영되었다.

유치원 사역은 대표단에 의하여 1910년 언급되었다. 그러나 10년이 지난 후에도 이 사역은 매우 초보적인 모습이었다. 정식 유치원이 개원되자 즉시로 부모들의 인기를 얻었고, 이들은 자신들의 4살짜리 아이가 유치원에서 배운 대로 발표하는 모습을 사랑스러운 모습으로 바라보았다. 유치원을 통하여 선교부는 많은 부모들을 만날 수 있었고, 부모들은 유치원을 위하여 무엇이든지 기쁘게 하였다.

1923년부터 1924년 사이에 유치원 건물을 포함한 건물 기금 모금 활동이 있었다. 부산진과 마산선교부는 유치원 목적의 적절한 건물을 가지고 있었다. 통영도 건물을 가지고 있었지만 임시변통이었다. 진주에서는 남학교가 사용하였고, 현재는 성경학원인 건물에서 운영되고 있고, 거창에서는 학교로 디자인된 새 건물로 입주하였다.

그러나 어느 유치원이든 아이들은 행복하고 즐거워하였고, 그들은 놀이와 활동을 하며 활기가 넘쳤다. 유치원 사역은 지금까지 정부 교육제도의 엄격한 통제하에 있지 않다.

현재 한국에서는 좋은 유치원 교사 훈련을 받을 수 있다. 특히 서울에 이화여전이 있다. 그러나 처음에 교사들은 유치원 운영의 원칙에 대한 지식이 없었다. 1925년부터 1933년까지 훈련된 유치원 교사 엘리스는 우리 선교부 교사들에게 어린이 성장에 관한 관심과 유치원 사역을 지도하였다. 지금까지는 선교사들이 유치원 원장으로 활동하고 있으나, 점차로 한국인이 그 자리를 맡게 될 것이다.

선교부의 학교를 감독하고 운영하는 것 외에 마을에는 작은 교회 학교들이 있다. 이 학교의 교사 중 우리 산업학교 출신의 젊은 여성들이 있었고, 특히 거창의 주간 학교들은 전도부인들이 가르쳤는데 일주일에 하루씩 돌아가며 책임을 맡았다.

우리의 학교 남학생들과 여학생들이 하는 또 다른 일이 있다. 그들은 여름 방학을 포기하고 문맹한 어린이들을 위하여 매년 몇 주간의 학교를 진행하였다. 이 모든 일이 우리의 전도사역을 열어 주는 데 도움이 되었다.

의료

우리 선교부 의료사역의 중심인 진주의 배돈병원 건물에 관하여는 이미 언급하였다. 커를은 이 사역에서 이제 은퇴하였고, 맥라렌이 사역하다가 서울 세브란스병원으로 이전하여 지금은 테일러와 데이비스가 병원을 책임 맡고 있다.

첫 수간호사인 클러크는 무지한 젊은 여성들에게 간호의 기본을 가르치는 어려운 과제를 감당하고 있고, 또한 한 번도 본 적 없는 서양 병원에 오는 환자들을 다루고 있다. 그들은 우리 병원이 춥고 불편하다고 생각한다. 클러크가 학교 사역을 맡게 되자 네피어가 그 뒤를 이어 직원들을 관리하고 간호사들을 훈련시켰고, 지금은 에드거가 그 일을 이어받았다.

남 환자들을 위해서 남자 간호사를 두었던 제도는 중단되었다. 병동마다 잘 훈련된 여간호사가 배치되었고, 견습생도 있었고, 그들도 남자 환자들을 돌보게 되었다. 한국인 의사는 자신들의 부서가 있는데, 그중 한 의사의 아내는 치과 일을 보았다. 이 모든 일들이 일관된 일을 위하여 계획된 한 건물 안에서 이루어졌다. 가까운 미래에 좀 더 나은 발전과 외래 병동이 확장되기를 기대한다.

진주 배돈병원은 사람들의 신임을 얻었다. 지난 1938년에서 1939년 보고서에는 입원환자가 798명, 외래환자가 17,051명이었다. 총수입이 26,299엔(2,000여 파운드)이었고, 또한 진료비용을 내지 못하는 환자들을 위한 무료 진료도 있었다. 1920년에 정부의 신임을 받아 병원을 세우는 데 도움이 되는 사건이 있었다. 콜레라가 발병되었을 때 배돈병원의 박 간호사가 통영의 임시 병원을 맡아 많은 생명을 구한 것이다.

우리 전도사역의 중심에 병원이 있었다. 배돈병원 직원 몇 명은 처음부터 우리와 함께하였고, 그들의 기독교 신앙은 우리 선교사들의 가르침과 교제를 통하여 지금까지 양육되었다. 병원의 직원으로 전도부인과 전도인 한 명씩 있었는데 이들은 환자에게 복음을 전하였고, 때로 그 결과로 환자들의 마을까지 복음이 전해지기도 하였다.

그러나 전도의 실질적인 부분을 소홀히 하지는 않았다. 병원 안에는 직원들로 이루어진 선교회가 있었고, 그들은 복음이 전해지지 않은 마을을 위하여 전도부인을 후원하였다. 그리고 몇 명의 직원들은 주일에 인근 마을로 가 주일학교를 지도하였다.

부산의 우리 여선교연합회 선교사들은 나환자 구역에서 교육을 진행하였다. 나환자 사역은 항상 기독교인의 동정을 불러일으켰다. 우리 선교부는 부산진 근처에 나환자 구역을 설립하고 운영하고 있는데, 그들은 그들의 관습에 따라 그 지역에서 선교부가 도와주기를 바랐다.

노블 맥켄지 목사는 1910년 한국으로 파송되었다. 그는 자신의 많은 시간을 부산의 나환자들을 위하여 헌신하였다. 그 당시 대풍자 오일로 새롭게 치료하는 방법이 시작되었고, 맥켄지는 그것으로 성공적인 사역을 하였다. 그러므로 나환자 사역은 단순히 '피난처'를 제공하여 안전한 생활을 하며 영생을 추구하는 것이 아니라, 중증으로 진행되지 않은 나병은 나아질 수 있도록 치료하는 '병원' 사역이기도 하였다. 심지어 초기 단계의 나병은 완치의 희망도 있었다.

이 변화의 한 영향으로 사망률이 급격하게 감소하였고, 죽음으로 생기는 자리가 줄어들었다. 나환자 구역 맥켄지의 대문 앞에서 자신을 받아주기를 간청하는 불쌍한 나환자 이야기를 우리는 종종 듣는다. 일본 정부는 한 섬에 큰 규모의 나환자 구역을 만들어 나병 문제를 해결하려고 노력하였지만, 한국에서 나병은 통제되지 못하고 있다.

맥켄지가 이 일에서 은퇴를 하게 되자 마틴 트루딩거 목사가 맡게 되었다. 그러나 그는 그 나환자 구역을 닫는 책임을 지게 되었는데, 정부가 그 지역에 요새를 세워야 하므로 그 땅이 필요하다는 것이었다. 그곳의 나환자들은 결국 정부의 기관으로 이주하게 되었다.

나환자 선교는 그곳의 재산으로 보상은 받겠지만, 그 사역을 그 지방 어느 지역에서 계속 이어나갈 가능성은 없어 보인다. 나환자들은 감사한 마음으로 기독교 가르침에 항상 적극적으로 응답하였다. 그들의 큰 공동체가 성찬식을 받는 모습은 큰 감동을 준다. 어떤 이들은 자신의 손으로 빵과 포도주를 받을 수 없어 목사가 직접 입으로 넣어 준다. 의심할 여지없이 이들은 새 집으로 이사하여 그곳에서도 그리스도의 이야기를 나눌 것이고, 그들이 만나는 수천 명의 나환자들에게 영향을 끼칠 것이다.

나환자 선교는 엄격한 의미로 의료사역은 아니지만 그들과 연결된 일은 또 하나 있다. 그들의 전염되지 않은 자녀들을 돌보는 사역이다. 많은 아이들이 그들에게 따로 제공된 가정에서 자라고 있고, 잘 성장하고 있다. 희망하기를 이 일이 계속되기를 원하고 있고, 더욱 확장되기를 기대한다.

진주의 배돈병원에서도 얼마 동안 나환자들을 치료하였다. 그러나 건강상의 이유로 정부는 나환자 집단치료를 금지하였고, 결국 중단되었다. 그 후 이 일은 병원 밖에서 계속하려는 노력이 있었다. 에버리는 어머니와 아이들을 돌보는 전문가였고, 현재 어린이 보건소라는 매우 흥미로운 사역을 진행하고 있다. 이 일은 다른 선교부에서도 시행되고 있다.

배돈병원 간호사들은 자신들의 마을과 마산도 지원하고 있고, 부산진과 통영은 트루딩거 부인과 레인 부인이 한국인 간호사들의 도움으로 어린이 보건소를 운영하고 있다. 이들은 약품과 좋은 도구가 거의 없음에도 돈이 없어 의료 혜택을 받지 못하는 가난한 사람들을 위하여 선한 사역을 하고 있다.

딕슨은 처음에 배돈병원에서 일하였지만, 한국을 떠나 있는 동안 어린이 보건에 경험을 쌓아 자신이 공헌할 부분이 있다고 여겨 다시 한국으로 돌아갔다. 그녀는 친구들의 도움으로 모금하여 거창에 보건소를 위한 적당한 건물을 가질 수 있었고, 앞으로 큰일을 할 것이다. 한국인 여성 의사가 필요하지만 많지도 않고, 또 구하기도 힘든 상황이다. 두 주에 한 번씩 배돈병원에서 의사들이 방문하고 있고, 어디든 가능한 곳에는 가정도 방문하며 돌보고 있다. 이런 방법은 선교부가 어머니들과 계속 관계를 유지할 수 있는 훌륭한 수단이다.

사회복지

가난한 사람과 소외된 사람을 도와주는 것은 항상 선교사들의 일이었다. 그중 대부분 '입양된' 어린이들이 있다. 이 어린이들의 성장을 선교사들이 책임 맡았고, 선교사들은 이들의 사랑을 받았다. 그리고 그런 아이들 대부분은 훌륭한 기독 여성이 되었다.

왓슨 부인은 통영에서의 필요를 인식하고 조직된 복지 사업을 제안하였다. 통영은 항구도시였고, 그런 도시는 보통 나쁜 평판이 있었다. 그녀는 버려진 여성을 자신의 집 침모로 고용하였다. 1920년 선교사공의회는 사회에서 버려진 여성들을 위하여 '구제의 집'을 만들기로 결정하였고, 그 일을 위하여 특별한 일꾼을 요청하였다.

동시에 통영 여학교에 그런 여성들을 위한 반을 개설하기로 하였고, 그 일을 준비하도록 스키너가 임명되었다. 그녀는 이 일을 용감하게 감당하였는데 그녀에게는 전적으로 새로운 영역이었다.

팔려나가는 위험에 처한 소녀, 과부, 자녀가 없어 원치 않는 여성, 다른 어려움에 처한 여성들을 받아서 보통학교의 과목을 가르쳤다. 이들의 숙소는 충분치 못하였지만 훌륭한 바느질 일도 가르쳤다. 이들의 수공예 물건들은 수백 파운드의 가치였고, 그것들은 우리 멜버른의 매대와 다른 상점에도 판매하였다. 수익금은 그 여성들에게 돌아갔다.

프란시스가 스키너의 뒤를 이었지만, 1929년 다시 조정이 있었다. 에디스 커가 진주의 여학교에서 통영으로 옮겼는 바 그녀가 산업반 사역을 맡게 된 것이다. 현재 그녀는 농장에 관한 비전을 가지고 있는데 그곳의 소녀들이 농장에 참여하면서 자신들을 돌보며 건강을 회복하는 일이다. 이것은 그들이 자신들의 마을로 돌아갈 때 공동체의 유용한 일원이 되도록 하는 것이다.

1933년 커가 휴가차 호주에 왔을 때 이 사역에 관하여 많은 관심을 불러일으키었다. 그녀가 한국으로 다시 돌아갈 때 얼마간의 현금이 모아졌고, 부산 근처 동래에 땅을 구입할 수 있었다. 이 일은 작은 규모로 통영에서 시도되었지만 그곳 선교부지는 적절치 않았던 것이다.

1935년 마침내 '캠벨농업실수학교'(동래여자실수학교 _역자 주)가 개교되었고, 처음부터 행복과 희망의 장소가 되었다. 주변의 많은 관심을 받았고, 일본 정부의 승인도 받았다. 영향력 있는 한국인뿐만 아니라 해외에서도 관심을 가지고 이 학교를 방문하였다.

정부는 2년 과정의 초등실수학교 등록을 승인하였다. 학교의 교과 내용은 3단계였는 바, 실내 수업, 실외 작업 그리고 수공예였다. 작년에 이 학교는 복지 단체로 등록을 변경하였는데, 신사참배 문제로 어려움이 있었기 때문이다. 지금은 유럽에서의 전쟁으로 인하여 그들의 물건을 구입하는 것이 어려워졌고, 호주로 완제품을 수입하는 것은 금지되었다. 그러므로 농장 일이 그들에게는 더욱 중요해졌다.

스키너에 의하여 통영의 산업반은 계속되었다. 학생들은 주로 시골에서 온 교육의 기회를 가지지 못하였던 나이든 소녀들인데, 이들은 자신들이 작업한 아름다운 물건들을 고향에 보내곤 하였다.

오랫동안 산업반에는 자급반이 있었고, 그녀들이 만든 물품은 판매되어 그들의 학비를 충당하였다. 이런 방법으로 선교사들은 학생들을 받을 수 있었고, 이 기회가 아니었으면 그 소녀들은 위험에 처할 수밖에 없었을 것이다.

우리 선교부는 계획대로 '구제의 집'을 세우지는 못하였다. 그러나 매년 예산을 책정하여 서울의 집 여성들을 후원하였고, 이들은 우리 기관에 들어올 수 없는 여성들이었다.

총회장 월슨 매커레이 목사가 1934년 한국을 방문하였을 때, 부산시의 사회 환경으로 인하여 충격을 받았는 바, 특히 항구와 기차역을 드나드는 여행자와 여성과 어린이들이 처할 수 있는 위험 때문이었다.

여행자들을 위하여 무엇인가 할 수 있도록 구세군에게 요청을 하였고, 그들은 이 일을 위하여 두 명의 여성 직원을 임명하였다. 이들은 정부도 노력하고 있는 이 일을 조용하고 효과적으로 대응하며, 여행자들을 돕고 극악한 거래를 막을 수 있도록 최선을 다하였다.

부산시에서 한국인들에 의해서도 복지 사역이 진행되고 있는데, 특히 김상만이라는 정부의 교사가 자신의 일을 포기하고 부산의 거지 소년들을 위하여 자신의 일생을 헌신하고 있다. 호킹은 자신의 많은 시간을 이 일을 위하여 지원하고 있지만, 엄청나고 시급한 필요에 비하여서는 매우 작은 공헌이다.

새 사역

청년 사역이 새 선교의 내용이라는 것을 느끼고 있다. 리체의 사역 중에 이 부분이 포함되어 있지만, 어떻게 접근해야 할지 아직 분명치 않다. 매카그는 진주에서 어린이 사역을 시작하였다. 많은 어린이들이 좁은 골목에 방치되어 있는데, 매일 오후에 이 아이들을 모아서 함께 놀며, 탁아소를 운영해 보기를 원하고 있다.

앞서 짧게 언급한 우리 여선교연합회 선교사들은 오랫동안 몸담은 자신들의 선교 영역과 연결되어 알려져 있다. 그러나 선교사역이라는 것은 자신도 기대하지 못하였던 일을 갑자기 맡게 되기도 하고, 또 그들은 그러한 일들을 존경스럽게도 잘 수행하여 왔다. 그들은 어떤 비상사태에도 준비가 되어있고, 모든 기회를 선용할 준비가 되어있고, 이것은 짧은 시간 안에도 새 일에 도전할 준비가 되어 있다는 의미이다.

여성이나 남성 선교사들이 하는 모든 사역은 상호 의존적이다. 여선교연합회의 선교로 여겨지는 일도 해외선교부 선교사와 그들의 아내들에게 빚을 지고 있다. 그들의 이름이 이 내용에 언급되지 않은 이유는 이 보고서는 여선교연합회 보고서이고, 지면이 제한적이기 때문이다.

현재

작년이 첫 호주선교사가 한국 땅에 발을 디딘 50주년이 되는 해였다. 이 일을 기념하며 축하하는 자리가 많을 것이라고 기대되었다. 그러나 사실 그 과거의 일을 축하하기는 적절치 않았다.

1936년 일본 정부는 동아시아의 새 질서 계획과 일본 정신을 강화하기 위하여 모든 학교의 학생들에게 특정일마다 신사참배를 명하고 있었다. 기독교인이나 불교인들은 이것의 실행이 자신들의 종교정신과 모순된 것임을 알고 두려워하였다. 그러나 일본은 그것이 국가 의식이지 종교 행위는 아니라고 하였다.

대부분의 외국선교부는 이 설명을 그대로 받아들 수 있다고 느꼈지만, 한국장로교회는 강하게 신사참배를 반대하였다. 그리고 장로교 선교부도 같은 입장을 취하고 있었다.

1938년 호주선교사 공의회는 우리 학교들은 그런 의식에 참여할 수 없음을 결정하였다. 한국장로교 총회는 결국 압력에 굴복하였고, 대표들은 신사에 참배하였다. 그리고 노회들도 그 뒤를 따르기 시작하였다.

지금은 굉장히 불만족스러운 상황인 바 한국교회의 입장과 우리 선교부의 입장이 다르다는 것이다. 그러나 많은 기독교인들은 우리 선교부와 견고하게 함께 하고 있고, 어떤 목사들도 저항하고 있는데, 이 신사참배 갈등으로 우리 선교가 많은 방해를 받고 있다.

초기부터 우리 선교부의 목적은 한국교회의 자치였고, 현재의 상황은 그들이 부모와 성장하는 가정 사이의 단계이므로 그것을 조정해야 하는 순간이 온 것 같다. 예견하지 못하였던 이 풍파로 우리 두 교회의 관계가 상당히 어려워졌고, 아직 그 끝이 안 보이고 있다.

가장 영향을 받은 우리 선교부의 실제 영역은 교육 사역이다. 1938년 우리 공의회의 결정이 정부 교육부에 보고되었을 때, 우리 학교들은 매우 빨리 폐교될 것이라고 생각되었다. 그러나 잠시의 유예가 있었는데 아마도 우리가 마음을 바꿀 것이라고 기대한 것 같았다. 1939년 중순에 가서야 일제는 우리 학교 교장들에게 사표를 내도록 요청하였다. 그러나 그 과정은 예의를 갖추어 진행되었다.

우리 초등학교의 운영에서 우리 선교부가 손을 떼자 정부가 통제하기 시작하였고, 그들은 진주의 학교 건물을 5년 동안 빌렸으나 나중에 3년으로 줄었다. 부산진의 학교와 해외선교부에 속한 마산의 학교는 2년 동안 임대하였다.

거창의 준 초등학교는 교회가 인수하였고, 선교부에 속한 구 건물은 빌려주었다. 통영에서는 일상의 학교 공부가 이 해 3월까지 계속되었다. 그 이후에는 산업 일을 하던 기숙사의 학생들이 그 새 건물을 계속 사용하였다.

동래의 중등학교는 정부가 요구하지 않았고 이 학생들을 부산진의 학교로 이전시키려 하였으나, 한국인들은 최소한 동래의 이 학교가 계속 운영되기를 강력하게 바랐다.

1939년에는 해외선교위원회 총무 조지 앤더슨 목사, 해외선교위원회의 존스 목사 부부, 여선교연합회의 캠벨, 장로교여성친교회의 마틴이 한국을 방문하여 당시 한국의 상황을 조사하는 과제를 맡았다. 그리고 이들이 낸 보고서는 인쇄되어 배부되었다. 그들은 중등학교를 제외한 우리 초등학교에 관한 조치를 살펴보았고, 그 일을 어떻게 처리할 것인가에 대하여 다양한 제안을 토론하였다.

경남노회는 동래의 학교를 인수받아 운영하기 원하였지만, 큰 재정적인 부담도 안아야 하므로 교회를 위한 최상의 방법으로는 생각되지 않았다. 또한 미래에도 기독교 학교로 계속 운영되리라는 보장도 없었다.

결국 호주의 위원회의 동의로 이 학교 재산은 몇 명의 영향력 있는 한국인에게 5만 엔에 팔렸는데, 이 가격은 초창기에 들었던 비용이다. 이 기금은 앞으로 한국의 선교 사업에 쓰일 것이다.

호주선교부 한국 선교의 한 시대는 이제 막을 내리게 되었다. 그렇다고 절망할 이유도 없고, 끝났다고 생각할 이유도 없다. 만약에 또 다른 방해 요인만 없다면 말이다.

우리 여선교사들의 용기는 꺾이지 않고 있다. 올해 왓킨스가 파송되었다. 맥켄지 총회장의 딸인 헬렌과 캐서린도 곧 한국으로 들어가기를 희망하고 있다. 그러면 선교사는 모두 18명이 될 것이다. 그러나 남선교사의 경우는 여러 가지 이유로 한국에서 퇴거하고 있다. 테일러 박사를 대신할 의사를 찾지 못하고 있다. 그리하여 현재 남선교사는 7명이고, 거의 모두 휴가거나 곧 호주로 돌아올 것이다.

이들은 사역을 빼앗긴 것처럼 말하기도 하겠지만, 우리가 맡은 경상남도의 비기독교인 수는 200만 명이다. 교회나 선교사역이 문이 닫혔다고 말할 수 있겠지만 길가에서, 논밭에서 그리고 집에서 복음 전도를 들을 사람들이 많이 있다.

전쟁으로 인하여 우리의 선교사들의 수가 많이 위축되었지만, 하나님은 여기저기의 젊은이들에게 말씀하시지 않겠는가.

"당신의 자리는 최전방이다. 어둠의 세력과 싸우는 영생의 투쟁은 어디에 있는가?"

첫 50년은 이제 완료되었다. 많은 선교사들이 자신들의 생명을 바쳤다. 어떤 이는 자신의 임기를 기쁨으로 마쳤고, 어떤 이는 다른 영역의 일로 옮겨갔고, 어떤 이는 수십 년의 경험을 계속 이어가고 있다. 그리고 이 모든 것은 하나님의 영적 능력 안에서 되지 않은 일은 없다.

동쪽에 있는 나라들 안에 새로운 공공의 의견이 발전되고 있다. 그리스도의 영에 의하여 운영되는 가정들이 그 땅 여러 곳에 흩어져 있다. 많은 사람들이 증거하는 하나님의 능력이 박해 중에 있는 사람들에게 용기와 요새를 제공하고 있다. 흰옷을 입고 보좌 앞과 어린양 앞에 선 큰 무리 중에 아무라도 능히 셀 수 없는 겸손한 한국인들이 있고, 우리 교회가 그들에게 복음을 전한 것이다.

미래는 하나님의 손에 달렸다. 우리는 그분의 인도함을 갈망하며 감사한다. 그가 우리 여선교연합회와 교회를 추수할 것이 희어진 선교지로 인도하셨고, 이 이야기는 위대한 영감을 준다.

빅토리아여선교연합회 연보

1890년	장로교 여선교연합회 창설
1891년	한국에 첫 선교사들 파송
1903년	미션 밴드(선교동아리) 조직
1906년	페이튼 여사 기념 기금 설립
	「더 미셔너리 크로니클」 창간
1908년	베이비 밴드(아기동아리) 출범
	생일선교사 기금 출범
	첫 티 룸(찻집) 개점
1909년	국내선교위원회와 첫 협정
1912년	시니어여성선교사연합회 출범
1913년	한국 선교 확장에 필요한 건물기금 모금
	국내 선교 기금 출범
1915년	노회와 선교사 연결과 노회협의회 창설
	현재 티 룸(찻집 겸 식당) 개점
1917년	감사 기금 출범
1919년	프로비넌트(섭리) 기금 창설
1923년	산업 매대 개점
1924년	중등학교와 다른 건물들을 위한 모금
1932년	저녁 지부 개설
	객관적인 제도 도입
	오천 회원 리그 개시
1935년	여선교연합회 배지 출시
	선교라운지 개원

빅토리아여선교연합회 한국 선교사

한국 도착 년도

1891년	벨레 멘지스: 1924년 은퇴. 1935년 사망
	진 페리: 은퇴.
	메리 포세트(매케이 부인)
1892년	엘리자베스 무어: 1919년 은퇴
1895년	아그네스 브라운(엥겔 부인)
1905년	메리 켈리(맥켄지 부인)
	엘리스 니븐(라이트 부인): 1927년 사망
1907년	넬리 스콜스: 1919년 사망
1910년	프란시스 클러크: 1936년 은퇴
	마가렛 데이비스: 1940년 은퇴
1911년	마가렛 알렉산더
	아그네스 캠벨: 1924년 은퇴. 1930년 사망
	이다 맥피: 1937년 사망
1912년	거트루드 네피어: 1936년 사망
1913년	캐서린 레잉: 1932년 은퇴
1914년	에이미 스키너
	엘리자베스 에버리: 1919년 은퇴
1916년	스텔라 스코트
	데이지 호킹
1918년	진 데이비스 박사
	뮤리엘 위더스
	제인 매카그

1919년	메이지 테잇
1921년	에셀 딕슨
	에디스 커
1923년	엘리자베스 던
1924년	아미 프란시스(홀 부인): 1930년 은퇴
1925년	클레어 엘리스(윌리암스 부인): 1933년 은퇴
1928년	도로시 레거트
1931년	엘스베스 에드거
1937년	캐서린 리체
1938년	비다 아우만
1940년	아일린 왓킨스

선교사 후보: 헬렌과 캐서린 맥켄지

멜버른의 중국인을 위한 선교사: 피에와 시어스

유태인 여성을 위한 선교사: 리차드

북 퀸즐랜드 원주민 선교사: 워드와 쉬크

2장

변화의 시대
1940~1950년

엘리자베스 캠벨
(빅토리아여선교연합회 해외선교부 총무)

본 글은 앞서 게재된 '50년 후에: 빅토리아여선교연합회의 선교 기록' 속편이다. 이 기간에 빅토리아여선교연합회 조직에 큰 변화가 일어났던 바, 호주장로교회 총회 해외선교부와 통합되어 총회 선교부로 재탄생한 것이다. 이 글에는 통합되기 전후의 빅토리아여선교연합회 국내와 해외 선교, 즉 호주 국내에서는 남호주의 와이알라와 멜버른의 중국인 그리고 해외 선교로는 원주민, 인도, 중국, 뉴헤브리디스, 한국의 선교 활동이 요약하여 기록되고 있다. 본 한국어판 도서에는 한국 선교에 관련된 내용만 발췌하여 실었다. _ 편역자 주

The Changing Years 1940-1950

Elizabeth M. Campbell

Malvern, McKellar Press

1950

1940년부터 1950년까지의 10년 동안은 인간관계의 거대한 변화를 가져왔다. 그리고 해외에 관심을 가지고 있는 장로교여선교연합회 같은 단체의 점진적인 전진은 혁명적인 변화에 의하여 대체되어야 하였다.

여선교연합회 50주년의 축하 행사는 큰 변화가 막 다가오고 있을 때 열렸다. 『오십 년 후에』라는 책자는 "미래는 하나님의 손에 달렸다. 우리는 그분의 인도함을 갈망하며 감사한다"라고 언급되며 끝이 났었다.

지난 10년의 짧은 세월을 돌아보면 그 기도가 응답되었다는 것이 확실하다. 하나님의 손은 우리를 보호하고 인도하였다. 우리의 신앙은 그로 인하여 강하여졌고, 우리의 가슴은 그의 선하심으로 감사함으로 넘친다. 실패와 어려움에도 불구하고 말이다.

일시적 후퇴

1940년 8월로 돌아가 보자. 이때는 어둠의 시기였고, 그 그림자는 깊었다. 이 해말, 영국과 미국의 영사관은 자신들의 국민들에게 일본 제국을 떠나라고 충고하고 있다. 수백 명이 그들을 송환하는 배에 올랐고, 개신교 선교사들은 거의 한국에 남지 않았다. 그러나 우리 호주의 작은 무리는 남기를 원하였고, 그들의 양심에 따라 결정하도록 하였다.

1941년 해외선교위원회 임원회와 여선교연합회는 연석회의를 가졌으며, 모든 상황을 토론하였다. 한국에서 막 돌아 온 호킹은 가장 최근의 정보도 보고하였다. 결론은 우리의 독신 여성 선교사들을 즉시 호주로 불러들이는 것이었다.

진주만 공격이 발발한 날, 오직 다섯 명의 빅토리아 선교사만 한국에 남아 있었다. 맥라렌 박사, 라이트 부부 그리고 레인 부부였다. 맥라렌은 11주 동안 감옥에 갇혀 있었다. 다른 이들은 부산의 라이트 집에 억류되어 있었다. 감옥에서 풀려난 맥라렌도 이들과 함께 있었다. 이들은 모두 1942년 중반 송환되어, 가족들의 기쁜 환영을 받았다. 그리고 3년여 동안 우리는 한국 기독교인들로부터 아무 소식도 들을 수 없었다.

한국 선교의 문이 닫히자 여선교연합회의 일은 무기한 정지되었다. 우리는 다른 해외 사역이 없었던 것이다. 자연스럽게 호주 국내 사역에 눈을 돌리게 되었는데, 기쁜 일이었다. 그리고 디커니스('사회봉사 목회자'로 번역될 수 있으며, 여자 호주선교사들은 대부분 디커니스였다

_편역자 주)의 사역도 계속되었다. 한국 사역에 꼭 필요한 것을 위한 각 지부의 노력이 느슨해지려는 위험도 있었다. 우리는 그들이 재정적 지원을 계속할 것을 주문하였고, 디커니스 봉급 기금의 공헌을 인상할 것을 요청하였다. 돌아온 선교사들에 대한 책임이 여전히 우리에게 있는 것을 기억하였다. 이 기간 동안에도 회원들은 계속 일하여 주었고, 1942년 침략의 두려움 속에서도 그들의 활동은 멈추지 않았다.

돌아온 한국 선교사들은 호주에서 일을 곧 다시 시작하였다. 그러나 모두 여선교연합회 소속은 아니었고, 해외선교위원회, 국내선교위원회, 디커니스협의회 그리고 여성친교연합회에서 그들의 사역을 크게 필요로 하였다. 어떤 선교사는 교회 밖의 교육이나 의료 일을 하기도 하였다.

국내 사역

훈련된 사역자들이 호주로 돌아오자 국내 선교에 영향을 끼치기 시작하였다. 큰 교회의 목회자들은 자신을 돕는 디커니스가 꼭 필요하다고 여겼지만, 디커니스훈련소인 현재의 로란드 하우스에서 훈련되는 후보자 인원은 너무 적었다.

1942년 여선교연합회는 교회에 요청을 하였다. 목사는 자신의 강단에 여성을 초청하여 훈련된 여성 사역자와 후보자 훈련의 필요성에 대하여 말할 수 있도록 하였다. 돌아온 선교사들이 그 일을 하기에 안성맞춤이었다.

그 요청은 물론 디커니스 사역에 대한 관심을 불러 일으켰다. 그리고 분명한 결과 중의 하나는 디커니스 봉급 기금에 더 많은 헌금이 들어 왔다는 것이다. 그럼으로써 경제공황 시 삭감되었던 봉급이 다시 156파운드로 회복될 수 있었다. 그 이후 봉급의 인상이 있었고, 지금은 최소 260파운드이다. 여선교연합회는 멜버른 시내 안에서 일하는 디커니스들의 봉급을 감당하고 있다.

이때부터 교회 안과 해외에 좀 더 많은 기회가 디커니스에게 주어졌다. 훈련을 받기 원하는 후보자들도 늘어나, 로란드 하우스의 숙소는 넘쳐났다. 더 큰 건물을 확보하거나 현재의 건물을 증축하기 위하여 다방면으로 노력하였으나, 아직 성공하지 못하고 있다. 여전히 제한된 인원만 이용할 수 있다.

최근 로란드 하우스의 학생들은 신학교에서 몇 과목을 할 수 있게 되었는데, 이 특권에 크게 감사한다. 나머지 과목은 로란드 하우스에서 공부하였다.

두 명의 디커니스는 보호감찰관으로 일하는데, 죄를 지은 소녀들을 돕거나 감옥에 갇힌 죄수들을 도왔다. 행정의 어려움으로 인하여 이 사역은 현재 중지되고 있다.

멜버른 시내에서 혹은 부흥하는 교회에서의 전체 디커니스 사역은 교회에 소중한 가치이다. 많은 부분이 젊은 사람들과 함께하는 사역이지만, 노인이나 병자들과도 함께하여 하나의 몸 된 교회임을 알게 한다. 이러한 기회가 아니면 그들은 소외될 것이다. 이 사역이 극적이지는 않고, 또 우리가 스스로 볼 수 있는 것이기에 이 글에 길게 설명하지는 않겠다. 그러나 여선교연합회 사역의 큰 부분임은 말할 나위 없다.

총회 헌법과 조직 개편

이제 총회 헌법의 변화와 여선교연합회의 재정 상태를 알아보자. 1943년 주목할 만한 일이 발생하였다. 우리 정기위원회에서 한 회원이 의견을 제시하였는데, 이제 총회의 해외선교위원회와 더 가깝게 협력해야 할 때가 되지 않았느냐는 것이었다. 이 의견은 정식으로 다루어졌고, 오래전에 프랭크 페이튼 목사와 다른 이들에 의하여 강하게 제기된 안건이었다. 이제는 이 안을 우리 회원들이 발언하고 있었고, 때가 무르익은 것 같았다.

한국에서의 우리 사역은 중단되었고, 또다시 우리는 같은 모습이 절대 아닐 것이다. 합의가 완성되기도 전에 여성들은 연합회가 독립적인 단체로 접근하기에는 불가능한 다른 선교지로 나가고 있었다. 물론 큰 책임을 맡을 준비는 되어 있었다. 1944년 내내 남녀로 구성된 위원회는 규정을 마련하였는데, 뉴질랜드여선교연합회 구조를 견본으로 삼았다.

이 규정의 내용은 여선교연합회는 여선교사들의 임명과 감독의 권한을 해외선교위원회로 이관하고, 여선교연합회의 사역 운영은 그대로 가져가는 것이었다. 그리고 국내선교위원회와 디커니스협의회와 계속 가깝게 협력하는 내용이었다. 여선교연합회의 각 지부에는 이 안의 내용을 충분히 알렸고, 해가 지나기 전에 정기위원회는 거의 대다수의 찬성으로 이 규정에 동의하였다.

총회 해외선교위원회도 같은 시기에 변화의 과정을 밟고 있었는데, 총회가 위원회들을 좀 더 작은 규모로 구성하기로 결정하였다. 해외선교위원회도 20명 이하의 위원으로 구성되어야 하였고, 여선교연합회와의 새 관계로 다음과 같이 추천하였다. 해외선교위원회는 12명의 남성, 여선교연합회는 7명의 여성 그리고 장로교여성친교회는 1명의 여성을 제안하였다. 여기에 더하여 각 노회협의회에서 1명씩의 대표를 해외선교위원회 전체 위원회에 파송할 수 있었는데, 이 모임은 1년에 두 번 모였다.

이 새 헌법은 1945년 정기총회에서 통과되었고, 1946년 총회가 승인하여 즉시 효력을 발생하였다. 선교의 연합 행정은 연습 없는 성공처럼 느껴졌고, 해외선교위원회와의 통합으로 우리는 우리에게 더 큰 힘이 주어졌음을 발견하였다. 또한 교회 전체의 선교지에 한 몫 참여할 수 있었고, 동시에 여성 사역자들의 특별한 관심사를 계속 유지할 수 있었다.

새 규정은 각 지부의 재정적 공헌을 자신들의 교회 재정부를 통하여 보내도록 하였다. 그러나 이 부분은 잘 시행되지 못하였고, 일 년 후에 포기하였다.

이 세기 초에 호주장로교회 안에 설립된 선교부는 원주민 사역만 담당하였는데, 1946년 7월 호주 여섯 개 주총회의 전체 해외 선교를 책임지게 되었다. 해외선교위원회의 파트너로서 여선교연합회는 이러한 관계 속에 더 넓은 선교지평을 갖게 되었고, 뉴싸우스웨일즈교회의 주요 선교지인 인도도 포함되어 있었다.

선교부는 즉시 여선교연합회 회원 두 명을 협력회원으로 받았으며, 1948년 총회는 선교부의 정규 회원으로 6명의 여선교연합회 회원을 임명하였고, 그중 두 명은 빅토리아 사람이었다.

여선교연합회와 해외선교위원회의 통합을 이끈 모든 과정에서 훌륭한 정신이 빛이 났다. 질투도 없었고, 권한을 포기해야 할 때 저항도 없었고, 상호 간의 신뢰와 호의만 있었다. 사역이 우선적으로 고려되었으므로 관계는 처음부터 행복한 결과를 가져왔다.

　각 주의 위원회는 서로의 선교에 대하여 더 관심을 갖게 되었고, 전제 사역지에 관한 지식의 나눔을 통하여 선교후보생들은 전 지역에서 나왔고, 적지 않은 수가 훈련을 받고 있다.

여선교연합회 안에서의 운동

'개인 회원'의 수는 60명에서 164명으로 증가하였다. 활동적인 서기는 각 지부에서 회원이나 지도자가 되기를 원하는 사람이 있는지, 또는 '개인 회원'의 명단으로 등록하기 원하는 사람이 있는지 귀를 기울인다. 그들은 회비 납부에 동의하고, 모든 사역에 진정된 관심을 갖는다.

여선교연합회 회원 수는 계속 일정하다. 1940년에는 8,000명 정도였는데, 1949년에는 8,250명이었다. 회원이 조금이라도 늘어났다면 그것은 주중에 자유롭지 못한 많은 여성들의 필요로 저녁 지부가 생겨났기 때문이다. 1940년에 저녁 지부는 16개였는데, 1949년에는 25개였다. 회원은 모두 700명이 넘었다. 1948년에는 임원회의 제안에 따라 세 개의 지부가 한 위원회를 형성하여 때때로 모임을 개최하였고, 새로운 지부를 조직하도록 격려하기도 하였다. 대부분의 지부는 중앙위원회에 대표를 파송하였고, 그중의 몇 지도자는 임원이 되기도 하였다.

새로 만들어진 '교육위원회'는 1947년 시작되어 중요한 역할을 감당하고 있다. 이 위원회는 모임의 계획서, 연설을 위한 내용 그리고 예배와 성경공부 자료도 준비한다. 많은 지부들은 이 위원회가 준비한 자료들을 사용하므로, 모임에 대한 더 큰 흥미와 선교지에 대한 더 많은 지식 그리고 연합회의 전체적인 사역에 더 깊은 관심을 갖게 되었다.

점진적으로 나아지고 있는 여선교연합회의 도서관은 교육위원회의 사역에 도움이 되고 있다.

재정

　재정 모금은 여선교연합회의 우선적인 기능은 아니다. 그러나 필요한 사항이며, 기부의 정도로 회원들의 관심을 측정할 수 있다. 수치를 분석하자면 다른 소득은 제외하고 1940년 각 지부가 공헌한 일반 재정과 디커니스 봉급 기금은 총 9,499파운드였다. 좋은 해였다. 그 후 6년 동안의 수치는 조금의 차이는 있었어도, 8,000파운드 이상이었다. 그리고 그 후 3년은 9,000파운드를 초과하였고, 1949년에는 10,273파운드로 기록이었다.

　두 개의 기금에 공헌하는 비율도 바뀌었다. 1940년 일반 기금은 거의 8,000파운드 그리고 디커니스 봉급 기금은 1,650파운드가 모아졌다. 그런데 전자의 기금은 해외 선교 사역이 멈추게 되므로 현격히 감소하였다가 6,736파운드로 회복되기도 하였다. 반면에 디커니스 봉급 기금은 1949년 3,537파운드까지 증가하였다.

　어려운 시기에 수입이 비교적 안정적이었던 것은 주로 '객관적인' 계획 덕분이었는데, 이 계획 하에 각 지부는 의도적으로 목표를 정하고 모금하였으며, 가능한 그 목표에 도달하려는 자부심이 있었다. 그러나 무엇보다도 회원들의 충성심과 굳건함이 지금까지 계속되었다는 것은 중요한 사실이다.

　그럼에도 자만해야 할 이유는 없다. 현재의 경비는 현재의 소득에서 나오는데, 균형에 맞게 예산이 증가하지는 않았다. 선교부는 여선교사들을 현장에 파송하는데 더 많은 비용을 지출하였고, 우리의 행정 비용도 매우 많이 올랐다. 그것에 더하여 디커니스의 봉급 인상으로 더 많은 모금이 필요하였다.

1940년부터 1950년 사이 여선교연합회는 거의 1만 파운드의 유산을 증여받았다. 일반 재정에 또한 잔액도 남아있고, 이자도 늘고 있다. 그러므로 우리는 국내의 가뭄과 교회의 사역에 기부할 수 있었고, 건물과 기타 비용 그리고 여사역자 훈련을 위한 장학금을 비축할 수 있었다.

한국 선교

1942년 우리는 한국의 문이 닫히는 것을 보았고, 3년의 긴 시간동안 닫혀있었다. 1945년 8월 일본과의 끔찍한 전쟁이 갑자기 끝이 나면서 한국은 35년 동안의 종속에서 벗어났고, 어떤 밝은 앞날이 다가올지 누가 알겠는가? 그러나 강대국들이 움직이고 있다. 러시아 군대가 북쪽에서 내려오고, 미국군은 남쪽에 주둔해있다. 그들은 위도 38선을 그어 한반도를 나누었다.

만약 한국인들만 남았더라면 그들의 길은 순탄치 않았을 것이다. 정치적인 사상의 차이로 나뉜 그룹들의 수는 놀랍기까지 하다. 사람들은 스스로 다스리는 것을 전혀 알지 못하였고, 제대로 된 경험이 있는 지도자도 없었다. 그러나 무엇보다도 비극적인 일은 임의로 두 그룹이 나뉘었다는 것이고, 북쪽은 공산주의 이론으로 세뇌되고, 남쪽에는 민주주의 이론이 주입되었다.

경제적으로도 비극적인 것은 북쪽에는 광산, 공장, 발전소가 있고, 남쪽에는 먹을 양식의 주요 공급처였다. 더 좋지 않은 것은 각 진영이 군대를 훈련시키고, 삼팔선은 심각한 무장지대가 되었다는 것이다. 유엔의 중재 제안을 북쪽은 거절하였고, 1950년 6월 25일 발발한 전쟁은 예견된 일이었다.

북쪽은 기독교의 중심지인데, 전쟁 중에도 교회는 성장하였다. 아직도 그곳 기독교인들은 통제받고 있기는 하나 활동적이라고 우리는 믿고 있다.

우리의 선교지는 남쪽인 바, 즉시 우리의 대표를 보내 선교 활동

재개를 준비할 생각을 하고 있었는데, 일반인에게는 아직 비자가 발급되지 않는다는 사실을 알았다. 한국 친구들의 첫 소식은 유엔 구호와 재활관리국 대표인 콘스탄스 던컨 양으로부터 왔다. 그녀는 우리 선교사들의 편지를 한국으로 가지고 갔고, 몇 개는 답신이 왔던 바 드디어 오랜 기간의 침묵이 깨진 것이다. 던컨은 서울의 신사가 있었던 자리에서 부활절예배를 드렸는데 거대한 십자가 그 자리에 우뚝 섰고, 수천 명의 한국 기독교인들이 새벽에 부활 찬송을 불렀다.

1946년 앤더슨과 레인에게 한국 방문 허가가 났다. 그들은 따뜻한 환영을 받았고, 한국인들은 자신이 잊히지 않았다는 사실에 많은 사람들이 기쁨을 표하였다. 그들은 선교관 중의 하나에 머물 수 있어서 다행이었고, 호주선교회에 속한 모든 건물은 일본이나 만주 등에서 왔거나 집이 없는 한국인들로 점거되어 있었다.

신사참배에 반대하여 감옥에 갇혔던 남녀 교인들은 풀려났지만 몇 명은 순교하였고, 남은 이들은 교회의 사역에 뛰어들고 있다. 불행하게도 이미 신사참배자와 신사불참배자 사이에 긴장의 증거가 나타나고 있고, 이로 인한 논쟁은 특히 우리 지역의 기독교 사역에 매우 심각한 장애가 되고 있다.

반면에 앤더슨과 레인은 도처에서 나타나는 많은 성장의 증표들로 인하여 기뻐하고 있다. 적지 않은 교회가 확장되고 새로 생기고 있는 것이다. 부산에서만 교회의 수는 6개에서 11개로 늘었고, 선교사들의 귀환을 열렬히 기다리고 있다. 앤더슨은 몇 명의 경험 있는 선교사들을 다시 한국으로 돌아갈 수 있는 승인을 받아 귀국하였다. 따라서 커닝햄은 1947년 6월에, 위더스, 던, 레게트는 9월에 부산에 도착하였다.

우리의 선교사들이 한국 선교를 다시 시작한 것은 한국교회의 요청에 의한 것이며, 우리 선교사들은 무엇이든지 필요한 곳에 쓰일 준비가 되어 있었다. 그러나 예전처럼 기관이나 학교를 책임 맡는 것은 아니었다. 한국 정부하에서 초등 교육은 정부의 책임이 되었고, 교회는 그 이외의 학교를 계속 운영할 것이었다. 한국교회는 호주선교회 소속 몇 건물을 같은 목적으로 스스로 운영할 제안을 기쁘게 받아들였다. 그들은 독립적으로 운영하기 원하였지만, 남북이 갈라진 상황에서 비용과 감독은 무거운 짐이었다. 그들은 지금까지의 지원보다 더 많은 도움을 선교사들에게 구하였다.

우리 여선교사들이 부산에 도착한다는 전보는 전해지지 못하였지만, 그들이 부산진에 도착하였을 때 그곳 사람들이 곧 알아보았다. 많은 사람들이 그들 주변으로 모여들었다. 예전 여선교사관은 비어있었고, 그곳이 그들의 숙소가 되었다. 나병환자의 어린이집에서 자란 목수가 집을 보수하여 주었다.

선교의 재개

던과 레게트는 시골 지역 순회를 시작하였는데, 던은 자신의 원래 지역 거창에서, 레게트는 통영과 해안 지방이었다. 위더스는 유치원 사역에 집중하였는 바, 먼저는 부산진유치원인데 전에 그녀의 초등학교 교사로 결혼한 일꾼의 도움을 받았다. 그리고 다음으로는 부산과 마산의 교사 훈련을 시작하였다.

던은 거창의 교회가 감옥에 갔던 목사(주남고 목사 _편역자 주)의 지도력 하에 매우 활동적임을 발견하였고, 그 목사는 열정을 가지고 교회로 돌아왔다. 레게트는 잘 모르는 지역에 초청을 받았는데, 신사 참배로 인한 교회 간의 불화가 이 지역에까지 영향을 미치고 있었다. 통영에는 많은 젊은이들이 지도자를 원하고 있었다. 선교사들이 방문할 때마다 그곳 교인들은 숙소를 준비해 주었다.

1948년 유엔의 감시하에 총선거가 남한에서 열렸다. 정부가 세워지자 미군은 물러났고, 한국군을 훈련시킬 간부들만 주둔하였다. 지방에서는 민간인 사이에 충돌이 더 증가하였는데, 특히 산악지방에는 무리들이 마을과 도시를 습격하여 방화하고 약탈하였다. 경찰서는 작은 성이 되었다.

부산에서는 밤의 약탈자들로 어려움을 겪었으며, 이것은 아마도 집도 없고 생활의 방편도 없이 도시로 모여든 사람들 때문일 것이다. 이때에 여성들이 시골로 여행을 하는 것은 지혜롭지 못한 것일 수 있는데, 우리 위원회는 그렇다고 그들의 방문을 금지하지는 않았다. 우리는 그들이 조심할 것이라고 믿으며, 그들이 방문하는 지역의 목회자들이 위험을 알려줄 것이기 때문이다.

순회가 어려웠지만 시골 사역은 진행되었다. 거창에서의 첫 남녀 성경반 개최는 즐거운 일이었다. 그리고 던의 필요한 경비도 충당되었는데, 전에는 경비가 항상 선교부의 책임이었다. 던과 레게트 그리고 위더스는 부산의 낮 성경반과 고아원 등에서 그리고 나환자 피난처와 요양원 등에서 가르칠 수 있는 기회를 가졌다. 한국인 스스로가 특히 개인들이 복지 사역을 이제 시작하고 있다는 사실에 이들은 기뻐하였다.

우리의 적은 수의 선교사들과 한국교회는 선교사가 보충되지 않고 있다는 사실에 힘들어하고 있다. 우리 선교부는 남녀 각 7명을 보낼 계획을 하고 있지만, 최소한 대표단이라도 먼저 보내달라는 요청이 들어왔다.

선교지의 위원회의 요청에 답하여 앤더슨 목사는 1949년 부활절에 부산에 도착하였다. 그리고 그는 3개월 동안 경남지방을 방문하여 예배를 드렸고, 교회 지도자들과 교인들을 만났고, 어려움들을 한국선교협의회와 또 우리 선교부와 논의하였다. 그는 자신의 이전 방문에 비하여 발전의 모습을 보았으나, 교회 안의 분쟁이 점점 더 뼈아프고 혼란스럽게 되어가는 모습에 유감스러워 하였다. 그는 해외에 있는 동안 중국의 아모이와 운남도 짧게 방문하였다.

호주선교사들에게 부산과 시골 지역에서의 교통편을 제공하기 위하여 지프차 두 대를 수입하도록 하였다. 차의 이름을 '점벅'과 '마틸다'로 지었다. 전자의 이름은 차고 위에 있는 간판을 보고 영감을 얻었는데, '차와 양은 여기서 서비스를 받을 수 있다'였다. 후자의 이름은 여성의 차라는 것을 보여주기 위함이다.

한국의 YWCA는 한동안 커에 의하여 사용되던 토지 위에 여학생을 위한 농업학교를 개교할 계획이었는데, 그들에게 정상적인 세를 받고 빌려주었다. 우리 건물에서 무단거주자들을 나가게 하는 작업은 오랜 노력이 필요하였다. 결국 그들은 다른 곳으로 이주를 하였고, 학교는 15명의 여학생들이 기숙하며 개교되었다.

기다리는 동안 건물의 보수비용은 더 올랐고, YWCA가 생각하였던 것보다 더 많은 예산이 필요하였다. 그러나 예전 농업학교의 기금 900파운드가 남아있었고, 발라렛의 샌앤드류교회의 유산을 더하여 여선교연합회는 한국에서 모은 기금과 합하여 농업학교 건물을 보수하였다. 또한 농장을 채울 동물들을 구입하였고 그리고 학교 운영 첫 3년 동안을 재정 보조하기로 하였다. 던이 이사회 임원으로 임명되어 학교를 책임지었다.

레인은 3년 동안 가족 없이 일하다가 1949년 4월 휴가차 호주로 돌아왔다. 그리고 이 해말 레게트는 병환이 있어 의사의 권고대로 휴가를 일찍 가졌는데, 더 추운 겨울이 되기 전에 말이다. 그녀는 1월에 떠났고, 호주에 도착하여 건강이 회복되고 있다.

그리고 마침내 새 선교사들의 파송 소식이 있었다. 조지 율 목사 부부와 맥납이고, 레인 부부도 두 아이와 함께 한국으로 돌아갔다. 보통 있는 연기와 기다림 끝에 그들은 4월 인천항에 도착하였고, 이곳은 서울의 관문이다. 서울에서 언어 공부를 시작한 이들은 적극적으로 학습에 임하였다. 선교사들이 늘어나면서 그들이 살기에 구 건물은 적절치 않았다. 부산진에 3동의 집이 새로 지어졌는데, 언덕 아래쪽이었다. 이 집에서는 큰길로 바로 나올 수 있고, 벽도 세워졌기에 도둑들로부터 좀 더 안전하였다.

두 해 전, 몇 명의 한국인들을 호주로 초청하여 대학원 공부를 하도록 하였는데, 마침내 그들이 멜버른에 도착하였다. 이약신의 사위 이 박사(이봉은, 의학 _편역자 주), 한 목사의 사위 조 씨(조민하, 신학 _편역자 주) 그리고 교육부 소속 공무원(허충수, 정치학 _편역자 주)이었다. 이들은 열심히 공부하고 있으나, 한국에서의 전쟁 소식은 그들을 매우 불안하게 하고 있다.

한국전쟁

지금의 한국전쟁은 모든 계획을 다시 멈추게 하고 있다. 율 부부와 맥납은 전쟁 소식에 서울의 언어학당에서 남쪽으로 내려왔고, 모든 호주선교사는 한곳에 모였다. 여성과 어린이들이 먼저 배에 올랐고, 남성도 미국인들과 함께 일본으로 향하였는데, 친절한 환영을 받았다. 한국인 친구들을 뒤에 두고 떠나는 것에 그들은 상심하였다.

최근의 소식은 그들은 현재 동경에 머물고 있으며, 임기가 끝나는 커닝햄은 호주로 돌아올 것이다. 다른 선교사들은 기다릴 것인데, 이미 어떤 이는 그곳에서 일을 시작하였다. 멀지 않은 미래에 한국으로 돌아갈 수 있기를 그들은 희망하고 있다.

10년간의 우리 이야기는 이렇게 슬픈 내용으로 마치고 있는가? 켄슈에서 보낸 왓킨스의 5월 편지를 보면, 그녀는 말하고 있다.

"모든 것이 소중하였다."

이 말을 우리 선교사역 전체에도 적용할 수 있을까? 많은 것들이 계획되었지만, 성취된 것은 적었다. 많은 것들이 시작되었지만 또 많은 것들이 중단되었다. 많은 것들이 연기되었고, 많은 실망이 있었다.

또 다른 편에는 무엇이 있을까? 우리는 발전도 보았고, 후퇴도 경험하였다. 그리고 노력이 실패로 끝났어도 여선교연합회를 포함한 우리 교회의 선교단체들은 복음이 국내와 해외에 전해지는 것은 하나님의 뜻이라고 항상 믿어 왔다. 그리고 이 모든 상황에서 항상 함께하신다는 하나님의 약속은 성취되었다.

한국과 중국의 선교사들은 전쟁 통에서도 용기를 내어 고난과 외로움과 빼앗김을 불평 없이 감내하였고, 기꺼이 자신들의 생명을 위험에 처하게 하면서까지 증거하고 있다.

디커니스와 해외 선교사들은 그들의 능력 밖에 있는 일까지 감당하였는 바, 그것은 되어져야만 하는 일들이었고, 일꾼도 적었기 때문이다. '어둠의 세상'에 그러므로 빛이 밝혀지고, 이곳에서 먼 곳까지 빛이 전하여졌다.

빅토리아여선교연합회 회원인 우리는 지난 10년 동안의 우리의 기도, 사역, 헌금 그리고 자기희생의 결과를 결국 알지 못할 수도 있다. 그럼에도 우리는 행하였고 약속을 믿었다.

"내 입에서 나가는 말도 이와 같이 헛되이 내게로 되돌아오지 아니하고 나의 기뻐하는 뜻을 이루며 내가 보낸 일에 형통함이니라"(이사야서 55:11 _역자 주).

〈1941년 한국에서 철수할 때 여선교연합회 선교사 명단〉
진 데이비스, 마가렛 데이비스, 마가렛 알렉산더, 에이미 스키너, 호킹, 스코트, 위더스, 메이지 테이트, 에디스 커, 딕슨, 엘리자베스 던, 레게트, 에드거, 리체, 아우만, 왓킨스 이상 16명.

〈1946년 이후 호주장로교 선교부 하의 한국주재 여선교사 명단〉
위더스, 엘리자베스 던, 레게트, 맥납 이상 4명.

3장

25주년 보고서
— 빅토리아여선교연합회

마가렛 롤란드
(빅토리아여선교연합회 해외선교부 총무)

이 보고서에는 국내, 해외, 중국인, 시니어걸 선교사연합, 청년선교밴드 보고서 그리고 재정보고서가 포함되어 있다. 여기서는 한국 선교와 관련된 해외보고서만 발췌하였다. _편역자 주

The 25th Annual Report:

Presbyterian Women's Missionary Union

M L Rolland

The Missionary Chronicle

May 1, 1961, 13-16.

빅토리아여선교연합회 4반세기를 맞아 우리 위원회가 이번에 25번째 보고서를 내게 된 것에 깊은 감사와, 하나님이 우리 연합회를 이끄시고 운영하셨음을 고백한다. 작년에 많은 어려움 속에서 전쟁이 발발하였지만, 우리 사역의 필요를 위한 재정은 충분히 모금되었고, 사역에 대한 관심도 줄어들지 않았다.

우리는 1915년 11월 11일 스코트교회에서 감사예배를 드림으로써 25주년을 축하하였고, 특히 선교지로 처음 파송되는 6명의 선교사가 함께 참석하여 더 의미 있는 자리였다.

해외 선교 보고 - 한국

지난 연도에도 기쁨과 슬픔, 실망과 용기가 있었고, 특별한 어려움에 당면하기도 하였다. 그럼에도 하나님께 감사하는 것은 그분이 우리 선교사들을 지켜주시고 힘을 주셨으며, 그들을 인도하사 하나님 나라를 확장하셨다.

일본 정부의 새 규정들로 인하여 나타난 어려움들은 매우 심각하였고, 모든 선교부에 영향을 미쳤다. 그중에서도 가장 큰 압박은 교육사역에 있었고, 장차 어떻게 될지 예측하기도 어렵다.

우리 선교사들은 그들의 길이 평탄하며 사역에 방해가 없도록 우리의 특별한 기도가 필요하다.

"그리스도 안에서 능치 못할 일이 없으리라."

전도, 교육, 의료, 순회전도 사역이 우리 선교사들에 의하여 신실하게 진행되었으며, 한국인 신도들의 가치 있는 도움이 있었다.

선교사 아내들의 동정적이고 기꺼운 도움으로 인하여 우리는 그들에게도 빚을 지었다. 선교사역의 내용은 매달 출판되는 「크로니클」 선교지에서 찾아볼 수 있다.

1. 선교사 동정

니븐은 9월에 라이트 목사와 결혼하여 선교사 직에서 사표를 내었지만, 여전히 부산에서 선교사로 활동하고 있다. 3월에 호킹과 스코트가 부임하므로 선교회의 인력은 보충되었다. 호킹은 부산으로 발령이 났고, 스코트는 우선 마산포에 임명되었다. 이들과 함께 가기로 하였던 스털링은 질병으로 인하여 출국하지 못하였고, 그것으로 인하여 자신과 후원자들은 실망하였다.

2. 부산진

멘지스는 미우라고아원 소녀들이 공부와 행실에 발전이 있음을 보고하고 있다. 새 사감이 임명되었지만, 그곳에 큰 변화는 없다. 16명이 함께 생활을 하는데, 사감과 아기를 포함하고 있다. 멘지스는 성서학원의 여성반과 여성주일학교에서 가르치고, 인근의 가정을 심방하고 있다.

니븐의 시간은 대부분 시골 지역에서 보내지고 있다. 12번의 성경공부가 있었는데, 총 634명이 참석하였다. 맥켄지 부인, 알렉산더 그리고 2명의 전도부인이 도왔다. 우리 연합회는 니븐의 신실한 사역에 감사를 표현하였는데, 그녀가 결혼할 때 그녀의 보험금을 1916년까지 납부하여 주었다.

알렉산더는 시골의 성경반을 지원하였고, 부산의 여성주일학교를 책임 맡았다. 또한 데이비스가 떠난 후 대신하여 여학교를 감독하였다. 매주 교사들을 위한 준비반을 열었고, 몇 시골교회를 방문하였으며, 성서학원을 지원하기도 하였다. 그녀는 3월에 휴가를 떠날 것이다.

데이비스는 부산진의 여학교를 책임 맡다가 지난 6월에 휴가를 떠났다. 평균 출석인원은 30명이 넘었고, 그중 20명은 상급 초등반에 있었다. 5명의 학생이 지금 우리 선교부 학교의 교사가 되었고, 두 명이 결혼하였다. 특별부흥회가 지난 5월에 열렸고, 그 결과 27명의 소녀들이 그리스도를 따르기로 결단하였다.

니븐과 알렉산더는 나환자촌을 돕기도 하였는데, 전도부인을 지도하거나 성경공부반을 인도하기도 하였다.

3. 진주

스콜스는 자신의 시간을 우선적으로 순회전도와 시골에서의 공부반 운영에 사용하였고, 45개소 교회를 방문하였다. 그녀는 건강이 안 좋아져서 당분간 고된 일을 중단해야 한다. 캠벨이 친절하게도 이 일을 대신하고 있고, 스콜스는 학교사역의 한 부분만 감당하게 되었다. 캠벨은 51명의 학생이 여학교에 평균 출석하고 있다고 보고하였다. 3월에는 8년간의 과정을 모두 마치고 졸업장을 받은 학생이 있었다. 그녀는 이 학교가 개교할 때부터 다니던 학생이었다.

클러크는 6월에 휴가를 떠났으나 마산포에서 네피어가 이전해 와 그 공석을 메우므로 병원 운영에 별 문제가 없었다. 클러크의 병원 사역에서 그녀의 가치와 열정은 말로 다할 수 없다. 그녀의 사역 중 하나는 간호사들을 훈련시키는 일이다. 배돈병원에는 현재 3명의 간호견습생이 있다. 클라크나 네피어는 온전한 자격증이 있지만, 여전히 일본 정부의 규정을 따라야 한다. 그녀들은 서울에서 간호사 시험을 보아야 하였고, 문제없이 통과되었다.

레잉은 진주에 있으면서 주변의 많은 교회들을 순회하며 전도하고 있고, 일본인 주일학교를 돕고 있다. 그녀는 네피어의 전도사역을 대신하기 위하여 마산포로 이전하였다.

4. 마산포

네피어는 본 선교부에 속한 교회들을 방문하면서 비기독교 자녀들을 위한 주일학교를 운영하였고, 환자들을 돌보았고, 여성반에 참가하였고, 어린이 보건과 치료에 관하여 가르쳤다. 네피어가 진주로 떠나게 되자 여성들은 매우 슬퍼하였다.

맥피가 여학교를 책임 맡았고, 기독교인으로 성장하는 여학생들의 모습은 주목할 만하다. 상급반의 16명 학생 중 13명이 이제 교인이 되었다. 야간반도 믿지 않는 많은 가정들과 만나는 장이고, 좋은 결과를 가지고 오고 있다.

5. 통영

무어는 계속하여 주일 오후반과 시골 지역의 반을 방문하고 있다. 새 선교관이 완공되었고, 내부와 가구들은 무어가 세심하게 계획하였는데, 그 결과 대만족이었다. 꼭 필요하였던 새 학교 건물이 세워졌고, 저녁반과 주일학교 등을 위하여 사용될 것이다.

6. 거창

에버리는 병자와 다친 자를 위하여 많은 도움을 주고 있고, 그 결과 그들의 사랑을 얻고 있다. 그녀도 특별 간호사 시험을 통과하였기에, 이제는 규정에 저촉됨 없이 한국인 여성들을 도와줄 수 있게 되었다. 에버리는 또한 믿지 않는 마을에 들어가 전도사역을 하고 있고, 거창에서 성경공부반을 열고 있다.

스키너도 역시 여성공부반을 운영하고 있으나, 그녀의 우선 사역은 학교교육이다. 작년에 새 여학교가 그녀의 감독 하에 개교되었다. 그러나 공부는 아직 구 건물에서 하고 있는데, 새 학교에서 종교교육을 못하게 하는 일본 정부의 규정으로 어려움이 있기 때문이다.

7. 미션 박스

미션 박스의 프레이저 총무는 다음과 같이 쓰고 있다.

"지난 한 해 동안 우리 교회는 우리의 선교사들과 그들의 필요를 충성되게 기억하였습니다. 올해 해외로 보낸 선물들은 작년보다 더 많았고, 질적으로나 양적으로 우수하였습니다. 선물을 받은 선교사들의 편지에는 각 지부에 보내는 감사함으로 넘치고 있습니다."

미션 박스 전체의 가치는 710파운드인데, 302파운드는 뉴헤브리디스, 304파운드는 원주민에게 그리고 103파운드는 한국에 보내졌다.

우리는 우리 선교사들을 사랑으로 돌보아주는 하나님께 감사하며, 그리스도의 이름을 위한 선교사들의 신실하고 자기 부정의 사역에 감사한다.

4장

50주년을 축하하며

존 맥켄지
(투락장로교회 담임, 총회장)

The Jubilee of the Presbyterian Women's Missionary Union

Rev. Dr. John Mackenzie

The Missionary Chronicle

November 1, 1940, 6-7

50주년을 축하하며

1890년 발라렛, 지롱 그리고 투락의 장로교여선교회는 장로교여선교연합회를 창립하기로 결정을 하였다. 그리고 같은 해 8월 25일 멜버른에서 여선교연합회가 공식적으로 출범하였다. 빅토리아 주의 많은 장로교 중심부에 지부가 생기기 시작하였고, 데이비스 부인의 말이 친구 케인즈 부인에게 전해졌고, 장로교 여성들은 "이방 여성들을 위하여 함께 일하기로" 결정한 것이다. 그리고 지난 반세기 동안 여선교연합회 회원은 정확히 그 일을 해 왔다.

어제 여선교연합회는 50주년을 맞아 샌앤드류교회에서 감사예배를 드렸고, 노회 협의회 회장인 영 부인은 과거 여선교연합회 회장이었던 케인즈 부인과 예배를 인도하였다. 초청된 손님들 중 한국에서 27년을 봉사한 무어, 한국에서 봉사한 엥겔 부인, 창립 회원인 데이비스 부인―그녀는 진 데이비스 선교사의 어머니이다―, 여선교연합회 총무 토드가 참석하였다.

예배를 인도한 사람들 중에는 터너, 버튼, 헤리엇, 럭 목사, 프레이저, 켈리, 히긴보텀, 엘리엇 목사 등이 있으며, 여선교연합회의 토드 총무와 데이비스 부인이 참석하였다. 50주년 기념 헌금이 드려졌고, 여선교연합회의 선교내용과 선교지에 관한 간단한 책자가 준비되었으며, 큰 관심 속에 읽혔다.

결론 부분에 다음과 같이 쓰고 있다.

"첫 부분인 50년이 이제 완성되었다. 어떤 사역자들은 자신들의 생명을 드렸고, 어떤 이는 기쁨으로 임기를 마쳤고, 어떤 이는 다른 사역으로 이어갔고, 어떤 이는 자신의 경험으로 오랜 기간 뒤에서 도왔고, 하나님의 능력으로 이루어진 모든 사역은 헛되지 않았다.

동방의 땅 위에 그리스도의 영으로 세워진 가정들이 흩어져있고, 박해의 기간에 피난처와 요새가 되시는 하나님의 능력이 간증되고 있다."

(1940년 10월 15일 발라렛에서 감사예배를 드리다)

호주장로교 여선교연합회 희년을 맞이하여

투락장로교회 교회 의회는 교회의 이름으로 기념집회에 참석한 사람들을 환영하였다. 그리고 지난 반세기 동안 여선교연합회가 국내와 해외에서 그리스도의 나라를 위하여 일한 업적과 성격을 설명하고, 여선교회 회원들을 축하하였다. 그리고 맥켄지 박사는 다음의 내용을 강조하였다.

1. 감사의 행위

빅토리아여선교연합회 희년을 맞이하여 시편 96편을 기억하는 것이 적절하다. 이 시편은 감사의 시로 혼란과 불화와 두려움의 시기에 쓰였다. 시편 기자는 하나님의 백성에게 구름과 그림자 너머를 보라고 초청하고 있고, 적들의 화염과 행진이 천둥과 폭풍 같아도 그 속에 있는 미세한 참 하나님의 음성을 들으라고 하고 있다.

누룩의 비유는 침묵 속에 퍼지는 하나님의 영의 영향과 그리스도의 교회와 나라를 세우는 여성들의 가치를 강조하고 있다. 누룩은 조용하고 비밀스럽게 작용하지만, 가장 힘 있고, 지속적이고, 건설적으로 드러난다.

지난 첫 50년 동안 헌신한 여선교연합회의 역사는 감사의 풍성한 이유를 제공하고 있다. 시편기자의 찬송을 새 의미로 채운다.

"새 노래로 여호와께 노래하라. … 그의 구원을 날마다 전파할지어다."

2. 기념의 행위

감사의 예배는 필요불가결하게 기념의 예배이다. 하나님의 뜻에 의하여 '잠에 빠진' 세대를 섬긴 사람들을 기억하는데, 그들이 뿌린 씨를 우리가 거두기 때문이다. 모든 기념예배에서 우리는 순교하였으나 그리스도 안에서 여전히 사는 자들을 우리 마음속에 특별히 기억하는데, '침묵 속에서' 그들은 우리에게 말하고 있다.

초기 여선교연합회는 해외 선교와 국내의 디커니스 사역에 우선 관심이 있었다. 이 일을 주도하였던 대부분 개척자들은 이제 모두 세상을 떠났다. 남아있는 몇 분이 이 모임에 참석하고 있는데, 이들은 당시 첩첩산중의 어려움 속에서 길을 닦은 여성들의 희생과 고생이 어떠하였는지 알고 있다. 지금은 그 길이 고속도로가 되었지만, 길가에 있는 무덤들은 우리가 어떤 대가를 지불하였는지 말하고 있다.

우리는 "그들의 사역에서 편히 쉬는 모든 성인들을 위한" 찬송가를 잊지 말아야 한다.

3. 신앙의 행위

하나님의 나라와 교회를 위한 모든 위대한 승리는 신앙으로 영감되었는데, 하나님의 능력은 그를 신뢰하는 자들에게 주어지며 전진하게 한다는 것이다.

이 교회 어윙 목사의 마지막 설교 중에 우리의 첫 한국 선교사 헨리 데이비스에 관한 내용이 있다. 데이비스는 한국에 도착한 지 얼마 되지 않아 사망하였다. 데이비스가 그리스도를 위하여 '전혀 모르는 곳' 그리고 '지경 너머에 있는 곳'으로 떠나기로 결정할 때, 어윙의 책임이 큰 부분을 차지하고 있었다. 어윙은 자신의 설교에 다음과 같이 말하고 있다.

"나는 고백하기를 우리의 친구가 사망하였다는 기록이 적힌 전보를 내가 읽었을 때, 나는 한두 시간 동안 악한 운명이 나타나 우리의 사역을 산산조각내었다고 느끼었다. 이 비극에 하나님의 임재하심을 전혀 인지하지 못하였다. 그러나 나중에 데이비스가 사랑하고 믿었던 한 친구가 나에게 말하므로 믿음이 다시 생겼다.

우리가 누구관대 하나님을 판단할 수 있을까? 초대교회 때 스데반의 무덤에서 울고 있던 여인이 영적인 힘을 깨달아 새 힘으로 더 큰 일을 할 수 있지 않았던가? 헨리 마틴의 죽음이 인도 선교에 큰 힘이 되지 않았던가? 윌리암스의 죽음으로 인하여 유럽의 교회들이 뉴헤브리디스를 그리스도께 인도하지 않았던가? 그리스도로 인하여 그리고 그리스도에 속한 사람은 항상 죽음에서 승리로 옮겨가지 않는가?"

이 말은 지금은 지나가는 50년의 기간 초기에 되었던 설교이다. 지난 반세기 동안 그 개척자들의 신앙을 하나님께서 어떻게 높이셨으며, 그들의 희망을 어떻게 성취하셨는지 보라. 그러므로 우리의 선교에 관하여 의심하는 자들이 고개를 젓고 두려워하는 자들이 후퇴할 때, 쟁기를 잡고 뒤를 돌아보지 않은 우리 순교자들의 승리의 신앙을 기억하라. 앞으로 우리의 표어는 윌리엄 캐리의 말처럼, "미래는 하나님의 약속만큼이나 밝다"이다.

4. 헌신의 행위

그리스도의 제자도와 섬김으로의 부름은 항상 도전적이다. 단순히 감정이나 지식에 호소하는 것이 아니다. 우리 자신의 사랑과 나태함과 개인적인 야망을 거스르는 부름이다. 그리스도를 믿고 그를 사랑하는 자들은 참된 의식을 가지고 그를 따라야 한다.

50년 전에 두 명의 위대한 학생 운동가가 있었는 바, 함께 일하던 헨리 드럼몬드와 존 모트이다. 드럼몬드는 학생들에게 그리스도가 진리요 생명임을 증언하였다. 모트는 그들에게 큰 과제를 주며, 그것을 실천에 옮기도록 격려하였다. 한 세대가 지나기 전에 모트 박사는 에딘버러 선교대회를 주재하였고, 세계 각 처에서 1500명의 대표가 참석하였다. 대회에서 그는 선교의 긴박성을 말하면서, 교회가 시대의 도전을 받아들이고 위대한 전진운동에 동참할 것을 독려하였다. 같은 대회에서 대니 교수는 전체 교회의 개혁된 헌신 없이는 슬프게도 전진운동에서 아무 희망을 보지 못한다고 고백하였다.

사건은 신념을 정당화한다. 세상의 한편에서 우리는 평신도선교사 운동을 기억한다. 그리고 영웅적인 사역을 실천한 프랭크 페이튼을 기억한다.

우리는 지금 한 번 더 역사의 갈림길에 서 있다. 전쟁의 우레와 같은 소리가 한 번 더 우리 귀에 들리고 있고, 알려지지 않은 미래가 우리 앞에 떠오르고 있다. 두려움과 예감의 시간이다. 그리스도께서 이런 시간에 오셨음을 우리는 기억하자. 그리고 그의 도전은 그의 제자들의 신앙과 헌신에 떨리는 마음을 불러 일으켰다. 십자가에 못 박힌 그의 손은 새 시대의 문을 활짝 열었다.

오늘의 상황도 매우 비슷하다. 예수 그리스도는 그때나 지금이나 변함이 없다. 그는 여전히 모든 것을 버리고 자신을 따를 제자를 기다리고 있다. 그리고 그들은 그리스도의 명령에 따라 미지의 세계로 발을 들여놓는 것이다.

50년은 하나님의 나라 역사에서 짧은 시간이다. 지난 반세기 동안에 무슨 일이 일어났는지 여러분들은 안다. 그리고 지금 미래로 새 발걸음을 내디딜 때 생각해보라. 장차 이날을 돌아보는 사람들이 우리로 인하여 더 많은 곡식이 무르익었음을 기억할 것이다. 새 사역의 1막 2장이 여선교연합회의 희망과 기도와 성취와 헌신으로 기록될 것이다.

50년이 100년이 될 때 우리의 이야기는 어떻게 읽힐까?

5장

한국의 재산

❧❧❧❧❧❧

빅토리아여선교연합회

Property in Korea

    PWMU

    The Missionary Chronicle

    May 1, 1943, 11-12.

한국의 재산

호주선교사들이 한국에서 떠날 때 호주선교회의 재산증서나 장부를 가져올 수 없었다. 일본 정부가 모든 목록을 소유하고 있었다. 다른 것은 영국대사관이나 부산의 선교부 금고에 남겨두었다. 선교사들의 개인 물품은 그들이 마지막에 살았던 사택에 두었다.

일본이 전쟁을 시작할 때 호주선교부의 선교사들은 자신의 재산을 통제할 수 없었다. 오직 소량의 개인 물품과 표기가 되지 않은 깨끗한 성경책만 가지고 떠날 수 있었다. 다른 서적들도 가져올 수 없었다.

전쟁 후에나 우리 재산이 어떻게 될 것인지 알 수 있을 것이다. 동시에 일본 정부의 관계부서는 한 관리인을 임명하였고, 그가 우리의 재산을 관리하고, 세를 받고, 은행 장부를 정리하여 정부에 책임을 지도록 하였다. 그 관리인은 진주선교부의 한 남성이었다. 그는 몇 선교사들에게 알려진 인물이었지만, 그들이 추천한 사람은 아니었다.

재산 문서 소유는 허락이 나지 않았지만, 다섯 명의 선교사는 많은 출입금의 기록을 정리하는 수고를 하였다. 그 모든 장부가 다 완결되지는 못하였고, 그들이 떠날 때 변경되는 것도 있을 것이다. 그럼에도 그들이 정리한 내용은 가치 있는 기록이다. 재정부장은 그 기록을 바탕으로 한국의 우리 재정 상태를 파악하여 정리할 수 있었다.

은행 잔고

잘 알려진 대로 태평양전쟁 전에는 환율억제로 인하여 한동안 송금이 되지 못하였다. 그런데 이것이 큰 염려는 아니었는 바, 한국에 잔고가 적지 않게 있었기 때문이다. 특히 동래여중등학교 판매 대금으로 받은 5만 엔이 위급상황을 위하여 남아 있었다.

해외선교위원회에 부과된 모든 비용은 몇 개인장부를 포함한 해외선교위원회 기금으로 처리할 수 있었다. 여선교연합회의 기금도 충분하였다. 이 외에도 병원에 큰 잔고가 있는데, 이 중에 얼마는 병원 증축을 위하여 몇 년간 따로 모아둔 것이다. 우리의 은행잔고는 그러므로 거의 다음과 같을 것이다.

해외선교위원회	163엔
여선교연합회	2,443엔
진주(해외선교위원회와 여선교연합회)	635엔
병원	16,790엔
총	20,031엔

건물과 재산

몇 개의 사택은 정부의 관리나 다른 사람들에 의하여 사용되고 있다. 어떤 사택은 1942년 말까지 비어있었다. 그곳에 제법 많은 가구나 개인 짐이 보관되어 있다. 지금은 아마도 모든 집들이 점유되어 있을 것이다.

우리의 학교 건물들은 정부에 의하여 점유되었거나 우리와 상의한 지역 교회가 사용하고 있다. 땅은 농사짓는 데 사용되고 있는데, 어떤 경우에는 선교사들의 전 일꾼들이 관리인 대행으로 사용하고 있다. 진주의 경우에는 학교들의 소득을 올리기 위한 목적으로 쓰이고 있다.

이 모든 재산은 상당한 규모인 백만 엔의 가치로 측정된다. 정상적인 시기에도 이 정도 크기는 판매될 수 없는 재산으로 여겨진다. 이것은 한국의 기독교 복음 전도를 위한 우리의 공헌이 될 것이다. 그럼에도 불구하고 전쟁 후에 선교재산은 중요할 것이다. 다른 몇 선교부의 재산은 더 많다.

기관

전쟁의 경고와 발발에도 몇 개의 복지 사역은 지속되었다. 억류의 현실에도 그들을 지원하기 위한 기금 운영은 막을 수 없었다.

동래실수농업학교는 선교사들의 귀국 시까지 계속 운영되었다. 앞으로도 계속될 것이라는 표증이 있었다.

통영의 학교는 경찰이 폐교시킨 1942년 4월 말까지 계속되었다. 그 지역의 교회가 계속 운영하겠다는 의사를 표시하였는데 승인은 나지 않았다.

나병 어린이들을 위한 집은 억류 중에도 원장은 매달 재정보고를 하였다. 그녀가 새 어린이를 받아들이지 않는 한 3년 정도는 계속 운영할 수 있는 양의 돈은 남겨두었다.

이 내용을 작성하는 선교사들의 마음이 슬펐을 것이라는 것을 우리는 공감할 수 있다. 그들이 이 기록을 남긴 것에 감사하며, 한국에서의 우리 사역이 다시 한번 살아나기를 그들과 교회와 더불어 기도한다.

6장

60주년을 축하하며

빅토리아여선교연합회

PWMU Diamond Jubilee

The Missionary Chronicle

October, 1950, 3-4.

60주년을 축하하며

1950년 8월 19일 토요일, 스코트교회 당의 앞마당에 많은 여성들이 모여들기 시작하였다. 지난 60년 동안 여선교연합회가 헌신하여온 사역을 하나님께 감사하는 예배에 참석하기 위한 발걸음이었다. 8,000명의 도시와 시골의 회원 중 빅토리아의 지부를 대표하여 1,200명이 참석하였다.

총회장과 주회장 그리고 우리의 회장이 강단에 등장하자 모인 교인들 사이에 큰 기쁨의 물결을 기대하는 조용한 기다림이 있었다.

교회나 사회의 역사에서 60년이라는 시간은 그리 큰 것이 아닐 수 있다. 그러나 우리가 돌이켜보면 작은 무리의 여성 선교사들이 주님의 지상명령을 실천하기 위하여 자신들의 신앙과 주님의 능력을 전하였다는 것은 거룩한 은혜요, 획기적인 사건이었다.

그 작은 무리의 여성 중 현재는 데이비스 부인만 아직 우리와 함께 있다. 그녀와 초기의 한국 선교사였던 무어 그리고 베테랑 원주민선교사였던 워드 부인이 함께 참석하였다. 우리의 회장은 이 여성들과 함께 개척자들의 가족과 타 여성단체 대표들을 환영하였다. 한국의 조목사와 중국인 교회의 대표도 좋은 영성의 답사를 하였고, 이들의 참여는 각 나라와 족속과 백성과 방언에서 아무도 능히 셀 수 없는 큰 무리를 증거하였다.

지난 60년 동안의 우리 연합회를 돌이켜보면, 이 기간에 두 번의 세계전쟁을 보았고, 라디오와 영화가 발명되었고, 전문 여성인과 스포츠 그리고 수천 개의 관심사가 생겨났다. 그럼에도 우리 여선교연합회는 안정적으로 지속되어 왔다. 메이 길레스피가 캠벨과 토드의 오랜 헌신으로 그들에게 연합회의 사랑과 감사를 전할 때, 자신들의 교회가 보는 가운데 자신의 시대와 세대에서 대강령을 지킨 많은 사람들을 기억한다. 그들 한 명 한 명을 기억하는 것도 감사한 일이다.

또한 바뀌어가는 환경에 연합회 조직은 적응하고 있다. 그 한 예로 비교적 새 회원인 저녁 지부가 참석하였는데, 찬송을 인도하였다. 총회장과 주회장의 연설은 본 선교지에 실릴 것이므로, 그 도전과 영성이 널리 나눠지기를 바란다.

에스몬드 뉴, 로스 윌리엄스, 조지 앤더슨 그리고 크리치톤 바가 중보기도를 인도하였고, 기도는 우리로 하여금 우리의 주인과 일치되게 하였고, 그로부터 오는 새로운 사역을 받을 준비를 하게 하였다. 허버트 데이비스의 인도로 함께 부른 익숙하고 사랑스러운 찬송은 우리의 마음을 채우고 열정을 일게 하는 경험이었다.

송영을 부르고 축도가 있은 후에, 우리는 모두 타운홀로 향하였다. 가는 길에 서로 인사하느라 지체되기도 하였지만, 그곳에 도착하자 자원봉사원들이 820명에게 차를 대접하였다. 백주년 때는 어떤 친교의 모습일 것이며, 어떤 감사예배와 축하가 있을까 하는 상상이 저절로 되었다.

우리는 우리 앞에 어떤 길이 기다리고 있는지 모른다. 그러나 우리는 총회장이 마태복음에서 인용한 바와 같이 약속의 힘을 믿고 나아가야 한다.

"천국은 마치 여자가 가루 서 말 속에 갖다 넣어 전부 부풀게 한 누룩과 같으니라"(마 13:33).

7장

빅토리아장로교회
여선교연합회 전진운동

빅토리아여선교연합회

The PWMU Forward Movement

The Missionary Chronicle

December, 1952, 1.

빅토리아장로교회 여선교연합회 전진운동

목적

1. 모든 지부의 모든 회원들이 여선교연합회의 모든 활동을 충분히 알도록 한다.
2. 여선교연합회의 사역을 교회의 모든 여성들에게 알려서, 그들의 관심을 유발하고, 가능한 곳에 그들의 지원을 받도록 한다.

방법

새해에 이 전진운동에 관한 소식을 여선교연합회가 각 지부에 돌려 읽도록 한다.

4월(혹은 5월)에 특별 대회를 조직하고, 비회원들을 초청한다. 이 모임을 세심하게 준비한다.

1) 초청장을 보낸다. (초청장은 여선교연합회 사무실에서 염가로 구입할 수 있다.)
2) 이 대회 후 주일에는 가능한 대로 특별 선교 예배 (혹은 여선교연합회 예배)로 드리도록 한다.
3) 각 지역의 교회 신문에 흥미로운 기사를 싣도록 한다.
4) 특별 안내서를 준비하도록 한다. 이것은 총무(맨튼 양)로부터 구할 수 있으며, 지부의 회원들이 사용할 수 있다. 몇 명의 연사가 준비되어 있으니, 만약 연사를 원하면 맨튼 양에게 연락한다.

낮 모임에 참석할 수 없는 저녁 지부 회원들의 필요를 우리 회원들은 특별히 챙겨야 한다. 만약 자신의 지역에 저녁 지부가 없다면 조직할 필요가 있지 않는가?

우리의 제안에 질문이 있는 회원들이 있을 것이다. 그렇다면 우리에게 알려주기 바란다. 이 내용은 전진운동 대회와 교육위원회에서 나왔으며, 임원회의 승인을 받았다.

8장

70주년을 축하하며

우리는 왜 호주장로교회 여선교연합회가 필요한가?
메리 로버츠

Why should we have a PMWU?

Mary S. Roberts

The Missionary Chronicle

November, 1960, 3-5.

70주년을 축하하며

빅토리아여선교연합회 창립 70주년을 축하하는 자리가 1960년 8월 15일 오후 8시 총회 강당에서 열렸다. 총회장 크리치톤 바 목사가 기념예배를 인도하였다. 시편 105편 1-5절을 찬송으로 합창하였고, 해외선교부 대표로 리체 디커니스가 고린도전서 1장 17-31절을 낭독하였다.

대표기도는 디커니스협의회 엥거스 에디 목사가 인도하였고, 해외선교위원회와 퀸즐랜드와 테즈메니아 여선교연합회에서 온 축사를 여선교연합회 총무 아이비 멘톤이 대독하였다. 윌리암스타운 지부에서 불참석의 사과가 있었는데, 아직 미션박스를 포장하고 있다고 하였다. 마지막으로 낭독된 축사는 전보로 왔는데 다음과 같다.

"창립 기념을 축하하며 _ 한국의 선교사들"

리체는 다음으로 장기근속자 선교사들을 총회장에게 소개하였다. 먼저 소개된 선교사는 맥켄지 부인이었는데, 1905년 한국으로 파송받았던 켈리이다. 다음으로 1910년 파송 받은 마가렛 데이비스 그리고 호킹, 스텔라 스코트, 진 데이비스, 라이트 부인, 딕슨, 던 그리고 레게트 순이었다.

한국에서 온 방문자 2명도 소개되었다. 이 박사와 최 자매이다. 이 박사는 여선교연합회 70주년을 축하하는 연설을 하였는데, 선교사들과 일신병원을 통하여 한국인을 위한 헌신에 감사하였다.

우리는 왜 호주장로교회 여선교연합회가 필요한가?

호주장로교회 여선교연합회는 이제 70년이 되었다. 현재 10,700명의 회원이 있고, 이와 같은 큰 단체는 많은 행정력을 요구한다. 이 연합회와 그 회원들을 통하여 하나님께서 하신 일은 무엇인가? 우리는 믿기를 하나님이 우리에게 능력을 주셔서 이 땅에서 그의 나라를 확장하게 하시고, 의지적으로 혹은 무지하여 그에게서 멀리 떠난 자들에게 구원을 선포하게 하신다.

우리는 국내와 해외의 교회를 위하여 일하지만, 항상 선교의 영역에 있다. 작년 회계연도에는 총 24,875파운드가 모금되었다. 이것은 디커니스 봉급 기금과 해외 선교를 위함이다. 또한 매년 선교지에서 필요한 물품들을 긴급히 이 재정에서 많은 부분 보내지고 있다.

때로 우리는 우리의 사역의 결과를 얼마나 모금하였는지를 기준으로 생각하는 시험에 빠질 때가 있다. 작년에 비하여 물품이 얼마나 많이 들어 왔는가 등이다. 그러나 우리 월간지 「더 미셔너리 크로니클」에 실리는 선교사들의 편지를 읽으면 곧 깨닫게 되는 바, 하나님이 우리에게 위탁한 것은 사람들을 지원하고 도우며, 집과 친구를 떠나 그리스도를 위하여 헌신하는 선교사를 지원하는 일이다. 우리 월간 잡지를 꼭 읽어보기를 여러분에게 추천한다.

하나님의 다른 자녀들이 그곳에 있으며, 배고프고, 춥고, 아프고, 두렵고, 외로운 그들을 도우러 우리를 대신하여 선교사들이 그곳에 간다. 우리도 마찬가지지만 선교사나 구호자의 지원 규모보다 도움이 필요한 사람들이 더 중요하다. 우리가 우리의 공헌에 자만하지 않으려면 인간 이상이어야 한다. 선교사들의 편지를 보면 많은 사람들이 도움을 받지 못하고 있으며, 많은 사람이 여전히 고난과 어려움을 겪고 있다는 것을 금방 알 수 있다.

이제 나는 우리 앞에 다음의 질문을 제기한다.

"여선교연합회는 우리 자신의 교회에 어떤 유익을 가져오는가?"

혹은 어떤 교회들이 생각하듯이 모든 노력의 유익은 교회 밖의 사람들만 위한 것인가? 나는 믿기를 모든 교회 조직은 특유의 공헌을 교회 생활에 제공할 수 있어야 한다. 그렇지 않으면 교회가 존재할 수 없다. 여성 단체들의 공헌은 항상 어렵지 않게 볼 수 있다. 그리고 지금 많은 교회들이 청지기 프로그램을 가지고 있고, 모금을 위한 압박은 많이 감소되었다. 교회의 관심도 더 넓어지고 있다. 대부분 교회는 젊은 여성들을 위한 프로그램이 있어 아기를 가진 어머니들의 필요를 충족시키고 있다.

여기에서 우리의 여선교연합회는 어떤 의미를 가지는가? 먼저는 회원들이 지역교회 활동을 넘어서는 운동에 속하게 된다. 그들은 교회의 좀 더 넓은 사명을 볼 수 있는 능력이 있고, 그 필요성과 성취도 알고 있다. 지역교회에만 속하여 있는 교인들은 다른 교회와의 관계가 없다. 개교회만의 어려움과 활동에만 매여 있게 되는 경향이 있다. 만약 당신이 생존의 어려움을 겪는 교회에만 있으면, 모든 교회가 쇠락하고 있다고 믿게 된다. 또한 당신의 모든 시간과 에너지는 당신의 교회에만 집중하게 되어 있다.

여선교연합회에 속해있는 회원들도 자신의 교회의 필요성에 게으

르지 않다. 오히려 보통 가장 헌신적인 교인들이다. 차이점이 있다면 그들은 좀 더 넓은 교회의 사명도 실천한다는 것이다. 아마 이들은 자신들보다 더 어려운 상황에 처한 사람들의 이야기를 항상 듣기 때문이라고 할 수 있다.

우리 여선교연합회가 일을 시작한 몇 년 후부터 대부분의 회원은 선교사역과 선교사에 관한 광범위한 지식을 얻을 수 있는 기회를 가졌다. 그들이 접할 수 있는 정보를 통하여 다른 교인들은 알 수 없는 내용을 배울 수 있었고, 선교지의 다양성에 관한 사실뿐만 아니라 현재의 전체 선교사 사역 동향에 관한 이해를 할 수 있었다.

선교에 특별한 관심이 없는 많은 사람들은 선교에 대한 어떤 기이하고 오래된 관념이 있다. 선교 활동에는 많은 구호, 교육, 의료 그리고 기술지원 등이 필요한데, 우리는 계속 주기만 하고 선교사가 가는 곳은 받기만 한다는 것이다.

또한 그들은 우리 선교사들이 현지에서 핵심적인 자리를 가져야 한다고 생각할 수 있지만, 현실은 우리 선교사들이 섬기는 해외 선교지에는 그 지역의 자율적인 교회가 있어 스스로 조직하고 운영한다는 것이다. 우리 선교사들은 현지의 교회 권위 아래 자신의 위치를 두어 협력한다. 전도자로 의사로 간호사로 교육가로 일하지만 선교사는 모두 동역자로 그리고 자문관으로 파송되는 것이다. 그래서 뉴헤브리디스교회 총회의 총회장은 그곳 현지 목사이고, 헬렌 맥켄지 박사가 휴가차 호주로 왔을 때 한국인 여의사가 일신병원의 원장대리로 일했던 것이다.

동아시아기독교협의회가 창립되었을 때 해외 선교사들이 주도한 것처럼 생각하는 사람들이 있지만, 사실은 그곳의 자치하는 현지 교회의 지도자들이 주도하였으며, 호주와 뉴질랜드는 협의회에 초청되었다.

만약에 우리의 선교를 후원이나 생색내기의 개념으로 생각한다면 지금 당장 버리자! 우리는 선교지의 새 교회들로부터 배울 것이 많은 바 헌신, 열정 그리고 심지어 헌금도 그렇다. 현지의 건물도 그곳 교인들의 헌신적인 기부로 세운 것이 있는데, 그 가난 속에서도 얼마 남지 않은 자신의 양식을 드린 경우도 있다. 나는 호주의 한 가정이 생각나는데 자신의 교회에 매주 드리는 2실링도 안내고 있었는데, 그 이유가 자신의 TV 할부금을 위하여 매주 1파운드를 지불해야 하기 때문이었다.

평신도전도회를 조직하는 것은 우리에게 새로운 일이다. 한국에서는 이미 교회의 주요 조직으로 여전도회가 있으며, 그들은 정말 전도한다. 종종 아기를 업고 수 마일을 걸어 때로는 산을 오르며 가가호호 방문하여 그리스도의 복음을 전한다. 우리가 뉴헤브리디스에 선교사를 보내지만 그곳 교회는 자신들의 선교사가 있다. 현지 여선교연합회도 있으며, 우리보다 더 활동적이다. 여성 장로도 있고, 지금은 장로교회도 많이 있다. 우리 중에 아직 생각만 하는 사람이 있다. 심지어 우리 노회 앞에 도전이 닥쳐왔는데도, 생각도 시작하지 않은 사람들이 있다.

다른 나라의 여성들이 보이는 열정과 신앙이 우리 여선교연합회에 영감을 주었는데, 5년 전에는 우리 기독 여성의 내면생활에 더 큰 관심을 갖는 계기가 되었다. 당시 위원회와 임원회는 각 지부에 성경공부와 기도의 시간을 더 늘려달라고 급박한 호소를 하였다. 많은 여성이 성경공부와 토론을 어렵게 여겼지만, 한번 시작하면 기대한 것보다 쉬웠다.

여러분들은 아마 들은 이야기겠지만, 한 소녀가 있었다. 그녀는 엄마를 도와 청소를 하는데 먼지에 쌓인 책 한 권을 찬장에서 발견하였다.

"이것은 무엇이지요?"

딸은 물었다.

"그것은 성경이란다. 하나님의 책이야."

어머니가 대답하였다.

"그러면 왜 다시 하나님께 돌려주지 않아요. 어차피 우리는 사용하지 않잖아요."

딸의 대답이었다.

왜 우리는 읽지 않을까? 기독교인으로 우리는 최소한 이론적으로는 이 책이 교과서요, 생활이요, 실천임을 안다. 우리는 몇 번이나 다음의 구절을 들어 왔다.

"하나님은 사람의 외모를 보지 아니하시고."

"유대인이나 헬라인이나 종이나 자유인이나 남자나 여자나 다 그리스도 예수 안에서 하나이니라."

이것은 무슨 뜻일까? 이 내용을 알기 위해서 우리는 신학생이나 위대한 학자가 되지 않아도 된다. 인종, 사회적 위치, 혹은 성별로 인하여 차별하지 않는다는 뜻이다. 베드로와 바울이 이 말을 한지 거의 이천 년이 되었다. 아프리카인을 보라! 미국의 흑인을 보라! 우리의 원주민을 보라! 2천 년 동안 우리가 성경을 가지고 있지만, 그 소녀가 말한 대로 "우리는 사용하지 않았다."

내가 말하는 것은 여선교연합회 회원이 되거나, 해외 선교에 특별한 관심을 가지는 것은 당신이 할머니나 할아버지가 될 때까지 기다릴 필요가 없다는 것이다. 여선교연합회는 모든 연령의 회원에게 열려있다. 회원들이 하는 일의 가치나 드리는 헌금이나 직면하는 도전이 의심 없이 큰 만족을 준다. 자신들이 하는 일이 바다의 물 한 방울이라고 겸손하게 말하지만, 이 물방울들이 모여 바다를 이룬다. 우리에게는 아주 적은 돈이지만 이것이 한국에서는 어린이를 살릴 수 있다. 이 돈은 호주 어린이들에게 사탕값밖에 되지 않는 액수이다. 비용은 매일 증가하지만 매 실링이 도움이 된다. 각 교회의 모든 여성들에게 회원으로 등록하라고 말하고 싶다.

우리 교회의 필요성을 아는 것만큼, 주님의 말씀을 기억하기 바란다.

"너희는 온 천하에 다니며 만민에게 복음을 전파하라."

"예수께서 이르시되 가서 너도 이와 같이 하라 하시니라."

우리 이웃을 위하여 사랑스런 관심을 갖는 것은 우리가 아는 문명을 구하는 하나의 방법이다.

"나에게 보여라!"

엘리자 두리틀이 외치고 있다. 아시아에서 외치는 소리가 있다.

"보여주세요! 기독교의 진정한 의미를 당신과 우리에게 보여주세요!"